오늘 조국 사회와 교회는 어떤 면에서 꿈과 환상을 잃어가는 세대라는 생각을 지울 수 없습니다. 다같이 못 살고 힘겨울 때는 막연한 기대와 꿈이라도 있었지만, 이제 조금 먹고살 만한 세상이 되자 오히려 사회 곳곳에서 분노와 미움, 좌절과 낙심이 커져갑니다. 특히 급속한 성장기를 지나온 교회가 조정기와 내면을 다지는 시기를 맞이하면서 낙심하다 못해 냉소하는 이들을 적잖이 보게 됩니다. 이런 시기에 여덟 개의 환상을 통해 오실 구주에 대한 소망을 보여주며 낙심한 이스라엘 백성을 위로하는 스가랴서야말로 시대적 적실성을 갖는 귀한 책입니다. 이 보배 같은 메시지를 한 목양자의 목회적 몸부림과 수고를 통해 함께 나눌 수 있게 되었습니다. 하나님께서 조국 교회를 향해 다시 한번 은혜의 문을 열고 소망과 위로를 풍성하게 부어주시기를 기대하며 모든 그리스도인들에게 이 책을 추천드립니다.
화종부 남서울교회 담임목사

글로 옮겨 쓴 설교를 읽는 것은 강단에서 선포되는 설교를 듣는 것과는 여러 면에서 차이가 납니다. 특히 강단의 '불'을 글로 옮기는 데는 뚜렷한 한계가 있습니다. 그러나 글로 옮겨 쓴 설교는 성경 본문의 내용을 세심히 숙고할 수 있다는 장점이 있습니다. 많은 성도에게 쉽지 않은 본문인 스가랴서의 환상들을 풀어낸 이 책을 통해 독자들이 그 유익을 충분하게 누릴 수 있으리라고 봅니다. 무엇보다 성경 본문에서 일관성 있게 그리스도의 영광을 드러내는 저자의 관점은 어려운 시대를 살아가는 성도들이 성령의 위로와 소망을 경험하도록 도울 것입니다.
김형익 벧살롬교회 담임목사

원고를 받아들고 눈을 의심했습니다. 스가랴서? 저는 스가랴 강해 설교를 거의 들어보지 못했기에 호기심 가득한 마음으로 읽었습니다. 책을 다 읽고 나서는 스가랴서에 나타난 복음의 빛을 보았습니다. 이제까지 스가랴서에 대한 저의 이해가 너무 얄팍했음을 느꼈고, 이렇게 설교한다면 성경의 어떤 본문을 가지고도 성도들에게 가까이 다가갈 수 있겠다는 생각이 들었습니다. 이 책은 성도들이 파악하기에 가장 적절하고 쉬운 구조를 통해 구약 스가랴서의 전체적인 이해를 돕습니다. 여기에 성경 주해와 적용이 기막힌 균형을 이룹니다. 백미는 여덟 가지 환상을 하나의 큰 주제로 연결하고, 그 중심에 계신 그리스도를 분명히 드러낸다는 것입니다. 하나님의 불 같은 사랑이 그리스도를 통해 드러나는 '그리스도 중심 설교'의 좋은 모델입니다. 저자의 설교집을 한 권도 빠짐 없이 읽은 독자로서 저자가 성경을 전달하는 과정과 적용이 점점 깊어지고 있음을 느낍니다. 에드먼드 클라우니의 『구약에 나타난 그리스도』와 크리스토퍼 라이트의 『구약을 어떻게 설교할 것인가』에서 구약설교의 원리를 배운다면, 이 책에서는 그 실제를 배울 수 있습니다. 성도에게는 스가랴서에 깃든 복음의 진수를, 목회자에게는 구약설교의 실제를 보여주는 좋은 교과서 같은 책입니다.

고상섭 그사랑교회 담임목사

목사 입장에서 스가랴서를 설교하기 쉽지 않은 데는 여러 이유가 있습니다. 일단 성도들의 관심이 그리 높지 않고, 소선지서인데도 꽤 긴 데다가(14장), 묵시와 암시가 많아 공부하고 적용하기가 상당히 까다롭습니다. 적절한 해석과 적용을 제공하는 참고자료도 드뭅니다. 테크니컬한 학자들의 주석 말고는 설교자들의 설교가 거의 없는 실정입니다. 이런 상황에서 저자는 스가랴서의 환상들을 성실히 주해하여 성도들의 현실(특히 팬데믹을 지나는 현실)에 적실히 적용하는 수고를 아끼지 않습니다. 무엇보다 "하나님께서 우리 가운데 들어오시고 우리를 찾으시는 것"이라는 회개의 본질을 그리스도 중심으로 풀어내면서 은혜와 복음의 본질을 보게 해준 것이 참으로 놀랍습니다. 스가랴서의 고유한 목소리를 통해 어떤 상황에서도 변치 않는 복음의 메시지를 듣고 싶다면 꼭 읽어보기를 권합니다!

이정규 시광교회 담임목사

우리 가운데 서신 하나님

우리 가운데 서신 하나님

초판 1쇄 발행 • 2022년 4월 25일

지은이 • 조영민
펴낸이 • 신은철
펴낸곳 • 좋은씨앗
출판등록 • 제4-385호(1999. 12. 21)
주소 • 서울시 서초구 바우뫼로 156, 402호
영업부 • TEL (02)2057-3041 FAX (02)2057-3042
대표메일 • good-seed21@hanmail.net
페이스북 • www.facebook.com/goodseedbook

ISBN 978-89-5874-371-2 03230

ⓒ 조영민 2022

이 책의 저작권은 저자 및 저자와 독점계약한 도서출판 좋은씨앗에 있습니다.
저작권법에 의하여 보호받는 저작물이므로 무단 전재와 무단 복제를 금합니다.

우리 가운데 서신 하나님

스가랴가 본 여덟 가지 환상,
그 환상이 주는 참된 소망

조영민 지음

좋은씨앗

CONTENTS

들어가는 글
교회는 다시 일어설 수 있을까? · 8

스가랴서의 역사적 배경과 주변 인물 연표 · 14

1; 정확한 진단과 처방

1. 내게로 돌아오라(슥 1:1-6) · 19

2; 스가랴가 본 여덟 가지 환상

첫 번째 환상
2. 붉은 말을 탄 위로의 왕(슥 1:7-17) · 43

두 번째 환상
3. 네 뿔과 네 대장장이(슥 1:18-21) · 64

세 번째 환상
4. 성곽 없는 성읍(슥 2:1-5) · 81

네 번째 환상
5. 옷을 갈아입은 대제사장(슥 3:1-10) · 99

다섯 번째 환상
6. 순금 등잔대와 감람나무(슥 4:1-14) • 122

여섯 번째 환상
7. 날아가는 두루마리(슥 5:1-4) • 143

일곱 번째 환상
8. 에바에 갇힌 여자(슥 5:5-11) • 160

여덟 번째 환상
9. 네 병거가 이끄는 전쟁(슥 6:1-8) • 179

3; 구약에 나타난 예수 그리스도

10. '싹'이라는 이름의 왕(슥 6:9-15) • 201

나오는 글
소망의 이유이신 분을 바라보며 • 221

스가랴서 관련 추천도서 • 224

들어가는 글

교회는 다시 일어설 수 있을까?

스가랴서는 13권의 소선지서 중에서 가장 분량이 긴 책입니다. 구약학자인 더글러스 스튜어트는 스가랴서를 가리켜 "선지서 중에서 특히 이해하기 어려운 책"이라고 말했습니다. 구약성경을 읽는 많은 분이 비슷한 생각을 했을 것입니다. 특히 스가랴서 전반부에 해당하는 '스가랴가 본 환상'은 구약의 묵시와 상징에 익숙하지 않은 대부분의 성도들에게 더욱 어렵게 느껴질 것입니다. 그래서일까요? 많은 이들이 스가랴서를, 또 스가랴서 전반부에 나오는 여덟 가지의 환상을 잘 읽지도 가르치지도 설교하지도 않는 이유 말입니다.

스가랴서는 '엄청난 보물이 묻혀 있는데도 불구하고 험

한 지형 때문에 '올라가지 않는 산' 같다는 생각이 들었습니다. 저는 신앙 선배들의 도움을 받아 이 산에 올라가보기로 마음먹었습니다. 오르지 못할 산이 아닌 데다가 이미 많은 이들이 그 산에 오를 수 있는 길을 만들어놓았습니다. 물론 쉽지는 않지만 입산이 금지될 만큼 험하지는 않습니다.

저는 이 산 위에서 '제가 사랑하는 이'를 만났고, 그분이 들려주시는 그분의 마음을 보았습니다. 보물이었습니다. 부족한 말과 글이지만 이 산에서 발견한 보물을 소개하고 싶었습니다. 잠잠히 입을 다물고 있기에는 이 산에서 만난 분이 너무나 아름다웠기 때문입니다. 이것이 '스가랴가 본 환상'을 본문으로 제가 섬기는 나눔교회에서 설교하고, 이렇게 책으로 엮게 된 이유입니다.

스가랴서를 바르게 이해하기 위해서는 두 가지를 늘 기억하고 있어야 합니다. 첫째는 그 시대 이스라엘의 상황이고, 둘째는 스가랴가 본 환상의 전체 구조입니다.

먼저 이스라엘의 상황입니다. 이스라엘이 망하고 바벨론에 포로로 끌려간 지 70년이 지났습니다. 그 시간은 포로로 끌려온 이스라엘 백성이 자기 정체성을 잃어버리고 제국에 순응하기에 충분한 시간이었습니다. 그즈음 바벨론을 점령한 페르시아의 고레스 왕이 이스라엘 백성들에게 성전 재건을 위해 그들의 고향으로 돌아가도 좋다는 귀환 명령을 내립니다. 이때 49,897명(스 2:62-66)이 고향으로 돌아가기를 선택했고, 그들이 스가랴가 전하는 예언의 대상이 됩니다.

그들은 무너진 예루살렘 성전을 재건하기 위해 안정된 페르시아에서의 삶을 포기하고 예루살렘으로 돌아온 사람들입니다. 겉으로 보기에는 신실합니다. 실제로 그들은 "우리가 하나님께로 돌아가 성전을 재건하면 하나님께서 그 성전으로 돌아와 이전에 다윗과 솔로몬의 시대처럼 우리를 지켜주실 것이다"라는 믿음을 가지고 예루살렘으로 돌아왔습니다. 그러나 페르시아의 왕이 바뀌면서 성전 재건 공사가 십수 년이나 지연되고 맙니다. 그 사이에 그들의 성전 재건 열망은 완전히 식어버렸습니다. 이제 그들에게는 '우리가 다시 시작할 수 있을까?' 하는 의구심밖에 남지 않았습니다. 스가랴는 그런 사람들을 향해, 다 타고 재밖에 남지 않아 다시 불붙기 어려운 사람들을 향해 하나님의 마음을 전해야 했습니다.

스가랴서를 바르게 이해하기 위해 다음으로 기억해야

할 것은 여기에 나온 환상들의 전체 구조입니다. 저는 스가랴가 본 환상들의 구조를 마크 데버의 『구약 성경의 핵심 메시지 2』(부흥과개혁사, 2009)에서 가져왔습니다.

    A 붉은 말을 타고 화석류 나무 사이에 선 자
      B 네 뿔과 네 대장장이
        C 측량줄을 잡은 사람
          X 대제사장을 위한 아름다운 옷
          X′ 순금 등잔대와 두 감람나무
        C′ 날아가는 두루마리
      B′ 에바에 갇힌 여자
    A′ 네 병거를 끄는 말들

마크 데버는 스가랴가 본 여덟 가지 환상이 가장 중요한 내용을 중심(X, X′)에 두고, 그 중심 주제의 전(A, B, C)과 후(C′, B′, A′)로 짝을 이루는 주제들을 펼쳐내고 있다고 설명합니다. 히브리 문학구조인 '교차대조구조'(키아즘)를 따르고 있습니다(같은 책, 771-773쪽). 여덟 개의 환상 중에서 중요도에 차이가 있는 것입니다. 중앙에 위치한 내용이 가장 중요한 주제이고, 그 주제를 전후로 보완하며 확장해가는 방식입니다. 이후로 제가 다양한 방식으로 설명하게 될 이 구조를 염두에 두고서 각각의 환상으로 들어가시기 바랍니다.

저는 오늘날 이 시대를 사는 성도가 느끼는 정서 중 하나가 스가랴와 동시대를 살아간 하나님의 백성들, 즉 이스라엘이 겪었던 낙심이라고 생각합니다.

한국 교회는 부흥을 경험했습니다. 사회 전체가 기독교 왕국이 되기를 기대한 사람들이 있을 정도로 성도 수가 급속히 늘어난 시기도 있었습니다. 교회마다 청년들이 모여들고 주일학교 학생 수가 장년 성도 수보다 많은 시대를 경험했습니다. 세계 선교의 바통을 이어받을 나라라는 평가를 받기도 했습니다. 그러나 지금 한국 교회는 영광스러웠던 과거에 비해 모든 것이 약해져 있습니다. 지난 20여 년간 지속적으로 약해져 왔지만 코로나19 감염병 시기를 지나며 약화에 가속이 붙었습니다.

교회가 노력하지 않은 것이 아닙니다. 그동안 다양한 고민과 노력과 수고를 했음에도 반전은 없었습니다. 어떻게든 다시 일어서고 싶고 다시 일어서야 하는데 이제는 그럴 용기도 힘도 잘 생기지 않습니다. 왜일까요? 스가랴 시대의 이스라엘처럼 우리도 낙심에 빠져 있기 때문입니다.

하나님께서 낙심한 이스라엘에게 주신 처방이 '스가랴가 본 환상'이라면, 저는 이 처방이 오늘 낙심해 있는 우리를 위한 처방이 될 수 있다고 생각합니다. 이제 펼쳐질 위대한 환상 속으로 들어가 하나님께서 우리를 위해 준비하신 것을 경험하기를, 그래서 다시 일어서기를 소원합니다.

2022. 3. 25.

조영민 목사

스가랴서의 역사적 배경과 주변 인물 연표

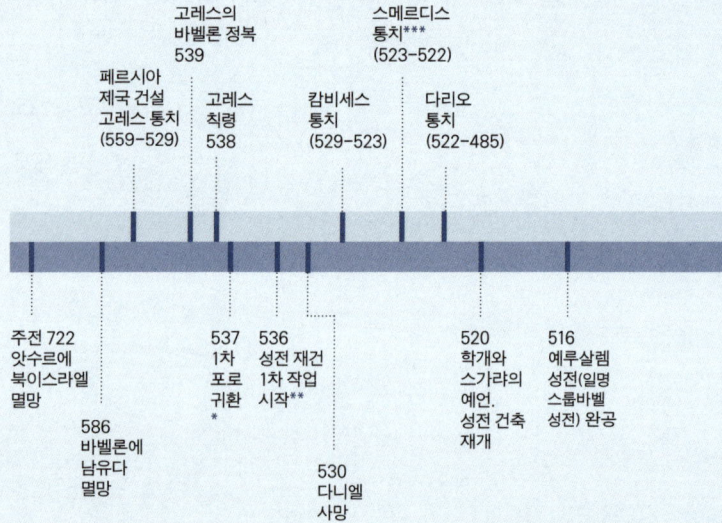

* 스룹바벨 총독의 지휘 하에 49,897명이 1차로 귀환함
** 사마리아인의 방해로 성전 재건 작업이 중단됨
*** 반역의 무리가 죽은 캄비세스의 동생 스메르디스 행세를 함. 정치적 혼란기

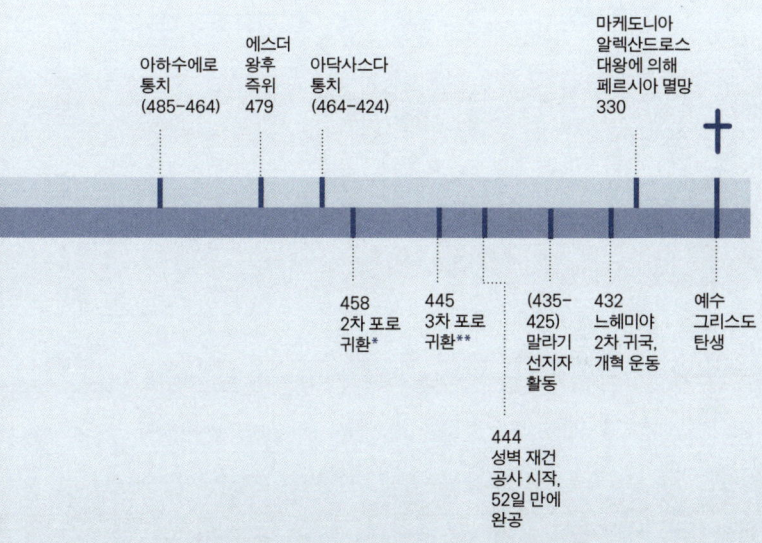

* 에스라 선지자가 동포를 데리고 귀환해 예루살렘에서 대대적인 영적 개혁 운동을 일으킴
** 느헤미야 총독이 3차 포로귀환과 더불어 예루살렘 성벽 재건을 진두지휘하며 이스라엘 백성의 정착과 신앙 개혁을 이끎

1부

정확한 진단과 처방

1
내게로 돌아오라

(슥 1:1-6)

"나 다시 돌아갈래"

한 남자가 핏발 서린 눈으로 달려오는 기차를 마주보고 온 몸을 쥐어짜듯 절규합니다. "나 다시 돌아갈래." 충격적인 장면으로 시작되는 이 영화는 1999년에 개봉된 설경구, 문소리 주연의 영화 〈박하사탕〉의 도입 부분입니다. 개인의 인생이 거대한 사회 속에서 어떻게 짓밟히고 망가지는지 그리며 후회라는 인간의 본성에 대해 이야기하는 영화입니다. 남자의 절규에는 자신이 망가지기 전의 상태, 순수하던 시절로 돌아가고 싶다는 간절한 열망이 투영되어 있습니다. 이후 영화는 남자가 어떻게 자신의 뜻과는 다르게 밀리고 밀려 그 자리에 서게 되었는지 시간을 거슬러 올라가 사건을 하나씩 펼쳐냅니다. 영화는 마지막과 처음이 연결되고 시대의 굴레 속에서 망가진 한 영혼의 비참함에 공감하며 끝을 맺지요.

우리는 때로 '○○을 선택하기 전의 상태로 돌아가고 싶다'는 생각을 할 때가 있습니다. '만약 ~했더라면' 혹은 '만약 ~하지 않았더라면'이라고 가정하는 것입니다. 특히 교통사고 같은 일을 당하거나 냈을 때 그런 가정을 하게 됩니다. "조금 일찍 출발했더라면", "거기서 신호를 지켰더라면", "한 번 더 후방을 봤더라면" 등. 사고가 워낙 순식간에 일어나 조금만 다른 시간대에 그 자리에 있었다면 사고를 피할 수 있지 않았나 하는 아쉬움이 들어 그런 가정을 해보는 것이지요. 그러나 '만약'이라는 말이 얼마나 의미 없는지 우리는 압니다. 아무리 후회하고 가슴을 쳐도 결과는 바뀌지 않으니까요. 영화 〈박하사탕〉에서는 주인공이 "나 다시 돌아갈래"라고 절규한 후 시계가 거꾸로 돌아 그를 이전으로 데리고 갑니다. 그러나 그는 다른 선택을 하지 못하고 결국 같은 결론에 도달합니다. 이것이 우리 인간이 지닌 한계입니다.

이제 함께 살펴볼 스가랴서는 우리를 향해 "내게로 돌

아오라"고 말씀하시는 하나님의 초청으로 시작됩니다. 비참하게 망가져 있는 이스라엘을 향해 하나님께서 "사랑의 관계를 회복하자"고 말씀하십니다. 사람과 사람 사이는 한 번 망가지고 깨지면 회복하기가 거의 불가능합니다. 그러나 지금 돌아오라고 부르시는 분, 관계를 회복하자고 말씀하시는 분은 다름 아닌 '만군의 여호와', 모든 나라를 다스리시는 능력의 하나님입니다. 같은 말이라도 누가 하느냐에 따라 그 의미와 무게가 전혀 다릅니다. 하나님께서 그렇게 말씀하셨다면 그것은 가능한 일입니다.

그뿐만 아니라 스가랴 선지자는 "내게로 돌아오라"는 하나님의 명령과 함께 그분께로 돌아갈 수 있는 길도 보여줍니다. 그 길이 스가랴서 1장에서 6장에 걸쳐 펼쳐지는 여덟 가지 환상 속에 들어 있습니다. 함께 읽으며 하나님께서 어떤 환상을 보여주시는지 살펴보고, 거기에 담긴 메시지를 정확히 끄집어내고자 합니다.

우리는 돌아갈 수 있고 회복될 수 있습니다. 이전보다 더 나아질 수 있습니다. 그런 일이 어떻게 가능하냐고요? 이유는 하나입니다. 그 일을 명령하시는 이가 전능하신 하나님, 우리가 돌아오기를 간절히 원하시는 하나님이기 때문입니다.

스가랴서의 역사적 배경

오늘 본문과 스가랴서 전체를 이해하기 위해서는 꼭 알아두어야 할 내용이 있습니다. 바로 그 시대의 역사적 배경입니다.

> 다리오 왕 제이년 여덟째 달에 여호와의 말씀이 잇도의 손자 베레갸의 아들 선지자 스가랴에게 임하니라 이르시되 (1:1).

선지자 스가랴의 예언이 언제 시작되고 있습니까? 페르시아 왕 다리오가 집권을 하고 2년 8개월이 된 때입니다. 예전에 이스라엘이 고레스 왕의 칙령으로 예루살렘에 돌아와 성전을 짓다가 바로 중단한 지 16년이 된 때이기도 합니다. 유대인의 역사를 기록하면서 페르시아 왕의 재위 기간을 사용하는 것은 지금 이스라엘이 페르시아의 식민지이기 때문입니다. 하나님께서 이스라엘 백성을 통해 이루고자 하신 '하나님 나라'의 꿈은 완전히 좌절된 것만 같습니다. 북이스라엘과 남유다 둘로 갈라져 있던 이스라엘은 시차를 두고 다 멸망하고 말았기 때문입니다. 북이스라엘은 주전 722년 앗수르에 의해, 남유다는 주전 586년에 바벨론에 의해 멸망했습니다. 북이스라엘은 영영 돌아오지 못했습니다. 그러나 남유다는 70년 동안 포로생활을 한 후에 다시 가나안으로 돌아왔습니다. 그들을 멸망시킨 바벨론이 페르시아에게 멸망당한 후, 페르시아 왕 고레스가 하나님께 감동을 받아 이스라엘 백성을 본토로 돌려 보내주었기 때문입니다.

황무지나 다름 없는 고향으로 돌아온 이스라엘 백성은 하나님의 성전부터 짓기 시작했습니다. 성전은 이스라엘의 정체성을 상징하기 때문입니다. 그런데 원래 계획했던 대로 건축이 진행되지 않았습니다. 이미 그 지역에 자리 잡고 있던 사마리아 사람들이 방해했기 때문입니다. 그들은 돌아온 유대인들이 독립의 구축점으로 삼기 위해 성전을 짓고 있다고 페르시아 왕에게 거짓 보고를 했고, 그로 인해 성전 건축은 중단되고 말았습니다. 그리고 어물어물하는 사이에 16년이 지나버렸습니다.

이스라엘이 성전 없이 16년을 살았다는 것은 자신들이 누구인지 모른 채 그 세월을 보냈다는 것과 같습니다. 이러다가는 이스라엘이라는 민족이 세상에서 영영 사라질 판입니다. 그래서 하나님은 학개 선지자를 보내어 "성전을 재건하라"는 메시지를 전하셨습니다. 학개는 이스라엘 백성이 자기 삶에 완전히 빠져 하나님을 잊고 사는 것을 책망하며 삶의 우선순위를 바꾸라고 명령했습니다. 학개를 통한 하나님의 책망과 명령 앞에서 이스라엘은 정신을 차리고 18여 년 전에 짓다가 중단된 성전을 다시 짓기 시작했습니다. 그런 다음 두 달이 지나서 스가랴 선지자를 통해 다시 한번 하나님의 말씀이 선포됩니다.

말씀을 따라 순조롭게 성전의 기초를 닦고 있는 이스라엘에게 어떤 문제가 있길래 하나님께서는 스가랴 선지자를 통해 다시 말씀하셔야 했을까요? 이번에 문제는 성전의 규모와 자재에서 생겼습니다. 지난날 화려하고 웅장한 솔로몬 성전에 대해 보고 들은 이들의 눈에 지금 짓고 있는 성전은 초라해 보이기만 했던 것입니다. 에스라서를 보면 성전의 기초를 다 쌓은 후에 노인들이 통곡했다는 내용이 나옵니다(참조 스 3:10-13). 예전의 솔로몬 성전에 비해 지금 스룹바벨 총독의 지휘 하에 짓고 있는 성전은 모든 것이 뒤떨어져 보였기 때문입니다. 지금 성전을 짓고 있는 이들은 바벨론에서 돌아온 사람들입니다. 그들은 바벨론에 살면서 그곳의 도시와 화려한 신전과 거대한 신상을 보았습니다. 그들의 눈에 지금 기초를 쌓고 있는 성전은 초라하기

그지없습니다. 그들의 마음에서 이런 질문이 떠나지 않습니다. '과연 우리가 다시 짓고 있는 성전이 의미가 있을까? 이 초라한 성전에 하나님이 돌아오실까?' 그래서 그들은 자꾸만 불안해집니다.

하나님은 이스라엘의 불안한 심정을 아셨습니다. 역경을 딛고 힘들게 성전을 지었는데, 그것이 아무 의미 없는 일로 밝혀진다면 그보다 비참한 일이 또 있을까요? 이스라엘이 성전을 다시 짓기 시작한 지 두 달이 되었을 즈음, 친절하신 우리 하나님은 스가랴 선지자를 통해 그들이 짓고 있는 성전에 큰 의미가 있다는 사실을 가르쳐주십니다. 성전의 의미를 설명하는 가운데 장차 오실 메시아 이야기까지 나옵니다. 그들이 짓고 있는 눈에 보이는 성전이 눈에 보이지 않는 성전이신 예수 그리스도를 상징하고, 그분을 통해 이스라엘이 온전히 회복될 것이라는 예언입니다. 그것은 그들에게 무엇보다 큰 위로와 격려가 되는 말씀이었습니다.

그렇습니다. 우리는 스가랴서를 통해 크나큰 위로를 얻을 수 있습니다. 그것은 예수 그리스도를 통해서만 얻을 수 있는 위로입니다. 이 땅에서 우리가 수고하는 일들이 어떤 의미가 있는지, 죄 많은 세상에서 성도로 살기 위해 애쓰는 우리 삶이 과연 열매를 맺을지 못내 불안하고 궁금한 모든 성도들에게 스가랴서를 통해 주시는 하나님의 위로와 격려가 가득하기를 소원합니다.

치료를 위한 진단

하나님은 이스라엘 백성의 마음을 만지고 치료하기에 앞서 정확히 진단부터 하십니다. 2-3절을 보겠습니다.

> ² 여호와가 너희의 조상들에게 심히 진노하였느니라 ³ 그러므로 너는 그들에게 말하기를 만군의 여호와께서 이처럼 이르시되 너희는 내게로 돌아오라 만군의 여호와의 말이니라 그리하면 내가 너희에게로 돌아가리라 만군의 여호와의 말이니라(1:2-3).

스가랴서를 통해 우리는 크나큰 위로를 얻을 수 있지만 위로가 그냥 주어지지 않습니다. 2절을 보면 하나님의 진노에 대한 언급이 위로보다 먼저 나옵니다. 진정한 위로는 상대방이 어떤 상태에 있는지 정확히 진단한 후에야 가능한 것이기 때문입니다. 어디가 어떻게 아픈지 알아야 어루

만지며 치료하지 않겠습니까?

하나님은 이스라엘 백성의 상태를 이렇게 진단하십니다. "지금 너희가 힘들게 사는 이유는 너희 조상들이 내게 죄를 지었고, 내가 그들에게 크게 진노했기 때문이다." 그런 다음 처방하십니다. "너희는 내게로 돌아오라."

그런데 여기서 진단과 처방 사이가 다소 멀게 느껴집니다. 어떤 말씀이 들어가야 흐름이 자연스러울까요? 우리는 그 행간을 읽을 줄 알아야 합니다. 바로 이런 내용이 아닐까요? "지금 너희의 모습은 나의 진노를 받았던 너희 조상들과 똑같다."

지금 이스라엘 백성은 자신들이 하나님께 순종하고 있다고 생각하고 있습니다. 그들이 누구입니까? 성전을 짓기 위해 70년 동안 살아온 도시 바벨론을 떠나 황폐한 예루살렘으로 돌아온 사람들이 아닙니까? 그들은 성전을 재건하라는 학개 선지자의 선포에 응하여 성전의 기초를 놓고 있습니다. 하나님께 불순종한 조상들과는 다르게 어려운 형편 속에서도 하나님의 명령에 순종해 수고하고 있다는 말입니다. 그런 이들이 불순종해 진노를 받은 조상들과 똑같다고 하니 이 무슨 날벼락 같은 소리입니까?

하나님께서는 이스라엘의 중심을 보기에 이렇게 말씀하

신 것입니다. 이스라엘이 겉으로는 예전과 많이 달라 보입니다. 그들은 조상들과는 달리 말씀에 순종해 고향땅으로 돌아왔고 어려운 환경 속에서도 성전을 짓고 있습니다. 말하자면 희생하며 노력하고 있습니다. 그러나 그들의 중심은 조상들과 별반 다르지 않습니다. 하나님께서 보시기에 그들은 아직 하나님께 돌아오지 않았습니다.

3절에서 "만군의 여호와의 말"이라는 표현이 약간씩 다른 형태로 세 차례나 반복됩니다. 이런 표현이 반복된다는 것은 그만큼 하나님의 진단이 확실하다는 의미입니다. 허투루 하시는 말씀이 아니라 정확히 진단하고 내리신 확실한 처방이라는 뜻입니다. "너희는 아직 내게 돌아오지 않았다. 그러니 지금 돌아와야 한다." 이것은 단지 그럴 것이라든가 그럴 수 있다는 차원을 넘어 확고부동한 '하나님의 말씀'입니다.

"고생을 해봐야 사람이 된다"는 말을 들어보셨을 것입니다. 부모는 속 썩이는 자녀를 보면서 '군대 가면 바뀌겠지', '결혼하면 바뀌겠지', '직장 다니면 바뀌겠지' 하고 기대합니다. 하지만 군대에 간다고 해서, 결혼한다고 해서, 직장에 다닌다고 해서, 그래서 고생한다고 해서 사람이 그리 쉽게 바뀌지 않습니다. 고생 자체가 사람을 바꾸는 것은 아니기 때문입니다. 같은 고생이라도 누구와 어떻게 했느냐가 중요합니다.

이스라엘은 바벨론 포로생활을 70년이나 했습니다. 그 사이에 그들은 좀 더 겸손해지고 하나님을 찾는 백성들이 된 것 같습니다. 죄를 짓는 빈도가 줄어들고 그 수위도 낮아진 것 같습니다. 그러나 인생의 중심을 보시는 하나님의 눈에 그들은 달라진 것이 없습니다. 형편이 나아지면 그들은 조상들과 다름없이 하나님께 불순종하며 우상에게 절할 것입니다. 지금은 여건이 좋지 않고 성전을 짓느라 겨를이 없어 적극적으로 죄를 짓지 않을 뿐이지 그들의 중심이 하나님께 온전히 돌아선 것은 아니라는 말씀입니다.

애초에 남유다와 북이스라엘이 이방 제국에게 멸망당한 것은 그들에게 성전이나 성벽이 없어서가 아니었습니다. 성전이 있었지만 그에 합당한 기능을 하지 못했기 때문입니다. 그 성전에는 하나님을 향한 온전한 찬송과 말씀과 기도가 없었습니다. 하나님은 중심을 드리는 예배를 기뻐하시는데 그러한 예배가 사라졌습니다. 눈에 보이는 성전이 있더라도 제 기능을 못한다면 없는 것과 같습니다. 그래서 무너지고 말았습니다.

지금 눈에 보이는 성전을 다시 짓는다고 해서 이스라엘

이 회복되는 것은 아닙니다. 이스라엘이 온전히 회복되려면 성전의 본래 기능이 되살아나야 합니다. 다시 짓는 성전에서 인간의 죄 문제가 해결되고, 하나님과 화평을 누리며, 하나님께 전심으로 순종하는 백성이 되는 역사가 일어나야 합니다. 그런데 백성들의 마음은 그럴 준비가 전혀 되어 있지 않았습니다. 이스라엘은 병이 나은 것이 아니었습니다. 그들은 여전히 조상들과 같은 병을 앓고 있었습니다. 이제 하나님께서 그 병을 치료하려고 하십니다. 하나님을 내 삶의 중심에 모시고 싶지 않은 마음, 내 인생의 주인은 나이므로 내 뜻대로 살겠다는 마음, 바로 죄 말입니다.

우리는 어떻습니까? 오늘 우리는 어떤 상태입니까? 하나님의 빛 아래에서 나의 상태를 확인해보아야 합니다. 행동 몇 가지가 바뀐 것에 만족하십니까? 주일마다 예배 드리는 것이 수월해졌습니까? 성경에 익숙해져 어느 본문이든 금세 찾을 수 있게 되었습니까? 갑자기 대표기도를 하게 되어도 격식에 맞게 기도할 수 있게 되었습니까?

하나님께서 스가랴 선지자를 통해 물으시는 것은 그런 외양이 아닙니다. 하나님은 지금 '중심'을 묻고 계십니다. "네 마음의 중심이 내게로 돌아왔느냐?" 하나님을 사랑하고 자발적으로 순종하는지, 인생의 주인으로 삼고 있는지 물으십니다. 그 질문에 온전히 "예"라고 대답할 수 없다면, 우리는 하나님의 진노를 받아 쫄딱 망했던 이스라엘의 조상과 다를 바가 전혀 없습니다.

하나님의 준엄한 진단의 빛으로 우리의 영혼을 살펴보시기 바랍니다. 나의 중심이 혹여 하나님께서 진노하시는 '옛 것'으로 채워져 있다면 주님 앞에 엎드리시기 바랍니다. 우리가 하나님에게서 얼마나 멀리 와 있는지 고백하며 자비의 손을 구하시기 바랍니다. 주님을 향해 돌이키시기 바랍니다. 돌이키고 회개하는 자의 삶 속에서 주님께서 친히 일을 시작하실 것입니다.

제발, 내게로 돌아오라

> 너희 조상들을 본받지 말라 옛적 선지자들이 그들에게 외쳐 이르되 만군의 여호와께서 이같이 말씀하시기를 너희가 악한 길, 악한 행위를 떠나서 돌아오라 하셨다 하나 그들이 듣지 아니하고 내게 귀를 기울이지 아니하였느니라 여호와의 말이니라(1:4).

3절에서 하나님은 진단과 함께 "돌아오라"는 처방을 하셨습니다. 4절에서도 "돌아오라"는 말이 계속 강조되고 있습니다. 그들의 조상에게 옛적 선지자들이 끊임없이 외쳤던 말, 즉 성경의 선지자들이 계속해서 외쳤던 말이 바로 "돌아오라"입니다. 히브리어로 '돌아오라'를 '슈브'라고 합니다. 그런데 4절에 쓰인 '슈브' 동사 뒤에는 부탁이나 당부를 반영하는 접미사 '나'가 붙어 있습니다. 하나님께서 선지자를 통해 이스라엘 백성에게 '제발' 돌아오라고 간절히 외치시는 것입니다.

그런데도 그들의 조상은 돌아오지 않았습니다. 이것이 이스라엘이 지은 또 다른 죄입니다. 그들은 선지자들을 통해 "하나님께 돌아오라"는 말을 수차례나 들었습니다. 스가랴만 이렇게 외친 것이 아닙니다. 예레미야도, 호세아도 이렇게 외쳤습니다. 느헤미야와 말라기도 이렇게 하나님의 마음을 표현했습니다. 그런데도 이스라엘은 듣지 않았습니다. 선지자들이 으레 하는 말이라고 생각했기 때문입니다. 그들은 돌아오라고 간절히 부르시는 하나님을 보면서 '하나님이 사랑을 구걸하고 있다'고 착각했습니다. 그래서 더욱 교만하고 냉담해졌습니다. 그래서였을까요? '하나님께는 언제든 돌아갈 수 있으니 지금은 내 마음대로 살아야겠다'고 생각하며 끝까지 불순종한 이유 말입니다.

하나님은 오늘 우리에게도 돌아오라고 간절히 말씀하십니다. 마땅히 가야 할 길에서 벗어나 타락한 인간의 죄된 본성을 따라 자기 마음대로 살고 있는 삶에서 돌이키라는 요청입니다.

성도 여러분, 주님의 진단 앞에 서시기 바랍니다. 자고한 마음을 하나님 앞에 내려놓으십시오. "돌아오라"는 하나님의 부르심이 우리를 향한 간절함과 우리 상태의 심각성에서 나온 것임을 깨달으십시오. 주님의 긴박한 외침에 반응하십시오. 내 중심의 죄가 심각하고 내 죄가 멸망한 조상들의 죄와 같은 것임을 인정하십시오. 내 마음과 생각이 스스로의 힘으로는 돌아갈 수 없을 만큼 주님에게서 멀리 떠나왔음을 인정하십시오. "제발 돌아오라"고 외치시는 아버지의 간절한 외침에 "예, 아버지, 돌아가겠습니다"라고 응답하기를 축원합니다.

돌아오지 않은 이들의 결국

5절과 6절은 서론의 마지막입니다. 끝끝내 하나님께로 돌아오지 않은 이들, 즉 조상들에게 '어떤 일'이 일어났는지 정리하며 다시 한번 돌아가야 하는 이유를 강조합니다.

⁵ 너희 조상들이 어디 있느냐 또 선지자들이 영원히 살겠느냐 ⁶ 내가 나의 종 선지자들에게 명령한 내 말과 내 법도들이 어찌 너희 조상들에게 임하지 아니하였느냐 그러므로 그들이 돌이켜 이르기를 만군의 여호와께서 우리 길대로, 우리 행위대로 우리에게 행하시려고 뜻하신 것을 우리에게 행하셨도다 하였느니라(1:5-6).

5절을 보면 이제는 조상들도 없고, 하나님의 말씀을 전한 선지자들도 없다는 사실을 밝힙니다. 그들은 다 죽고 이제 없습니다. 그런데 아직도 살아 있고 역사하는 것이 있습니다. 하나님께서 선지자들을 통해 주신 "명령한 내 말과 내 법도들"(6절)입니다. 하나님께서 주신 그 말씀은 그대로 조상들에게 임했고, 하나님의 진노와 심판을 받은 그들은 뿔뿔이 흩어지고 비참한 포로로 살아야 했습니다. 지난 100여 년 가까이 이스라엘 민족이 경험한 모든 고통의 나날은 '하나님의 말씀'이 성취되는 시간이었습니다.

²⁴ 그러므로 모든 육체는 풀과 같고 그 모든 영광은 풀의 꽃과 같으니 풀은 마르고 꽃은 떨어지되 ²⁵ 오직 주의 말씀은 세세토록 있도다 하였으니 너희에게 전한 복음이 곧 이 말

쓸이니라(벧전 1:24-25).

풀은 마르고 꽃은 떨어집니다. 이 세상에 있는 모든 육체와 그 육체로 만든 모든 화려한 것은 언젠가는 다 사라집니다. 조상들도 선지자들도 다 죽고 남아 있는 자가 없습니다. 그러나 하나님의 말씀은 영원하여 여전히 그 말씀대로 역사가 흘러갑니다. 하나님께서는 성전을 짓고 있는 이스라엘에게 말씀하십니다. "이제까지 나의 말과 법도 가운데 단 하나도 땅에 떨어져 없어지지 않았다. 나는 너희 조상들에게 말했고, 그 말은 너희가 경험한 대로 성취되었다. 그러니 너희는 내 말을 들으라. 지금 있는 자리에서 만족하지 말라. 예루살렘으로 돌아왔고 다시 성전을 짓고 있으니 '나는 괜찮다'고 생각하지 말라. 어서 진정으로 내게 돌아오라."

하나님께서 이스라엘 백성에게 기대하신 것은 무엇일까요? "돌아오라"는 말의 진정한 의미가 무엇일까요? 하나님은 지금 포로였다가 돌아온 이스라엘 백성이 그들의 본질적인 죄성을 깨닫고, 그동안 마음대로 살았지만 이제는 하나님의 다스림을 받으며 순종하기를 원하십니다. 하나님을 진정한 왕으로 모시는 것입니다. 자기 힘만 믿고 하나님 없이 살아온 날들을 뉘우치고, 이제 그분을 왕으로 모시고 순종하는 것입니다. 하나님께서는 바로 이렇게 백성들이 하나님 앞에 엎드리기를 원하셨습니다.

그러나 그들은 그렇게 하지 않았습니다. 그들은 포로 신분에서 벗어나 유대 땅에 돌아와서는 집 짓고 땅 사고 자녀들 키우고 취직하는 것이 중요했지, 하나님을 삶의 중심에 놓고 으뜸으로 모시는 것을 급하게 생각하지 않았습니다. 이런 것이 바로 조상들의 모습이었습니다. 그들은 조상들의 모습을 그대로 반복하고 있습니다. 하나님께서는 "왜 너희는 조상들을 그대로 따라가고 있느냐? 조상들이 이렇게 하다가 망한 것이 아니냐"라고 물으십니다.

하나님은 지금 안타까워하십니다. 그분은 지금 마음이 급합니다. 지금 너무나 백성들 가운데로 들어가고 싶어 하십니다. 그들과 함께 생활하고 먹고 마시고 싶어 하십니다. 문제는 이스라엘이, 그리고 우리가 하나님을 내 삶의 한복판에 초청하고 순종할 준비가 되어 있는가 하는 것입니다. "너희는 내게로 돌아오라… 그리하면 내가 너희에게로 돌아가리라." 이 말씀은 조건을 제시하시는 것이 아닙니다. 하나님은 "나 여호와는 너희와 함께 있기를 원한다. 내가 너희에게 돌아가는 데 방해가 되는 것을 전부 다 치우라"

고 명령하고 계십니다.

하나님께서는 우리가 하나님을 가장 먼저, 가장 으뜸으로 모시기를 기대하십니다. 그러자면 우리가 하나님을 먼저 초청해야 합니다. "주님, 제발 나의 주가 되시고 나의 왕이 되어주십시오"라고 간구하는 것이 가장 급합니다. 지금 어떤 일이나 계획 때문에 그러한 간구를 늦추고 있지는 않습니까? 하나님은 나의 모든 계획보다 중요한 분이십니다. 나의 삶이 온전히 회복되어 망가지기 전으로, 아니 그보다 나은 상태로 돌아가기 위해서는 내 모든 삶의 과정에 하나님이 계셔야 합니다. '만군의 여호와'께서 내게 돌아오라고 말씀하십니다. 제발 돌아오라고 말씀하십니다. 하나님의 주권을 인정하고, 무엇보다 먼저 하나님을 왕으로 모시라고 명하십니다.

참된 위로가 임하기 전에

스가랴서의 서론은 우리에게 무엇을 보여줍니까? 인간 내면에 깊이 뿌리 내리고 있는 죄성을 드러내어 보여줍니다. 십자가 위에서 주님이 다 이루었다고 말씀하시기 전까지 어떤 인간도 뿌리 뽑을 수 없는 병이 있음을 보여줍니다.

이스라엘 백성은 바벨론에서 돌아왔지만 그들 안에는 불순종한 조상들의 모습이 그대로 남아 있었습니다. 그들은 하나님께 진정으로 돌아온 것이 아니었습니다. 우리는 이 비참한 모습을 직시해야 합니다. 그래야 이어지는 스가랴의 여덟 가지 환상 속에서 주님이 주시는 위로와 격려를, 예수 그리스도에 대한 온전한 소망을 바라보며 붙들 수 있기 때문입니다. 우리 안의 내밀한 곳에 자리한 죄성을 확인하지 못한다면 그리스도의 모습이 그렇게 반갑지 않을 것입니다. 그러나 우리 안에 뿌리 뽑히지 않는, 치료되지 않은 질병이 있음을 확인한다면 그리스도를 뜨겁게 만나지 않을 수 없습니다. 눈물을 흘리며 만나게 될 것입니다.

하나님께서 포로생활을 하다가 돌아온 이스라엘 백성에게 기대하신 것은, 그들이 본질적인 죄성을 깨닫고 하나님을 삶의 중심에 왕으로 초청하는 것이었습니다. 이것은 오늘날 우리에게도 가장 중요하고 시급한 일입니다. 지금 내가 하는 일들, 계획하는 일들이 중요하지 않습니다. 단 하루를 살아도 하나님께서 내 삶의 왕으로 들어와 좌정하지 않으시면 아무런 의미가 없습니다. "주여, 오시옵소서! 내 삶의 모든 영역에 오시옵소서." "주여, 내 삶의 중심에 오시옵소서!" 이것이 우리의 대답이 되기를 축원합니다.

이제 진단이 끝났고 병명이 나왔습니다. 스가랴 시대에 이스라엘은 몸은 포로지에서 예루살렘으로 돌아온 지 한참이나 지났지만, 신앙과 정체성은 아직 회복하지 못한 상태였습니다. 스가랴는 그런 이스라엘을 향해 '중심의 회복'을 외칩니다. 이스라엘의 진짜 문제는 중심이 아직 하나님께 돌아오지 않은 것이었으니까요. 이 문제는 오늘을 사는 우리에게도 중요합니다. 겉으로 보기에는 신앙생활을 하는 것 같아도 마음의 중심은 신앙을 떠나 있을 수 있기 때문입니다. 하나님의 진단으로 우리의 상태를 알게 되었다면 이제부터 주실 하나님의 처방을 기대합시다. 주님께서 우리를 진단하시는 목적은 우리를 치료하시는 데 있기 때문입니다.

2부

스가랴가 본 여덟 가지 환상

2
붉은 말을 탄 위로의 왕

(슥 1:7-17)

'학습된 무력감'을 넘으려면

미국 펜실베이니아 대학교 마틴 셀리그만 박사는 1967년 우울증에 관한 연구를 하면서 다음과 같은 실험을 했습니다. 실험은 두 집단을 대상으로 두 단계에 걸쳐 진행됩니다. 첫 번째 단계에서는 개들을 움직이지 못하게 묶어놓고 다리에 강한 전기 충격을 주었습니다. 통제집단 A군의 개들에게는 전기 충격을 중단할 수 있는 장치를 주었지만, 실험집단 B군의 개들에게는 주지 않았습니다. 두 집단의 개들에게 같은 시간, 같은 횟수의 전기 충격을 가합니다.

두 번째 단계에서는 두 집단의 개들을 이전과 다른 상

자에 넣습니다. 이번에는 전기 충격이 왔을 때 개들이 충격이 오지 않는 곳으로 이동할 수 있도록 다리를 묶어놓지 않았습니다. 통제집단 A군의 개들은 전기 충격이 왔을 때 충격이 없는 반대편으로 이동했습니다. 반면에 실험집단 B군의 개들은 전기 충격이 와도 이동하지 않고 그 자리에 계속 머물며 고통을 당했습니다. 왜 이런 일이 벌어진 것일까요? 셀리그만 박사는 B군의 이런 현상이 첫 번째 단계에서 학습된 무기력 때문이라고 보았습니다.

전기 충격이라는 문제를 이미 해결해본 적 있는 개들은 어떻게든 문제를 해결하려고 이런저런 시도를 하다가 그 자리를 벗어날 수 있었습니다. 반면에 첫 번째 단계에서 문제를 해결할 수 없는 환경에 놓였던 개들은 다른 상황에서 같은 문제를 겪었을 때 문제를 해결할 생각조차 못하고 꼼짝없이 고통을 당했던 것입니다.

이 실험은 사실 인간의 우울증 치료 연구의 일환으로 이루어졌습니다. 셀리그만 박사는 개에게 나타난 '학습된 무기력'을 많은 우울증 환자에게서도 찾아볼 수 있다고 말합니다. 한 사회 전체가 '학습된 무기력'에 붙들려 아무것도 하지 못하는 상태가 될 수도 있다고 합니다.

저는 요즘 청년들의 모습에서 종종 '학습된 무기력'을 봅니다. 이들은 유년기나 청소년기에 IMF라는 초유의 국가 부도 사태와 그 후유증을 경험한 세대입니다. 가장이 직장을 잃으면서 한 가정의 일상이 한순간에 무너지는 일을 경험했습니다. 힘들게 공부해서 대학에 들어갔지만 학비 내기가 어려워 학자금 대출을 많이 받아야 했습니다. 졸업할 무렵에는 경기가 좋지 않아 취업 준비하는 시간을 오랫동안 가져야 했습니다. 그 과정에서 연애도 결혼도 늦어지면서 상실감이 커졌습니다. 이들을 만나 대화를 나누어보면 알게 모르게 '나는 뭘 해도 안 돼'라는 생각이 마음속에 자리한 것을 느낄 수 있습니다. 이런 부정적인 확신이 할 수 있는 일조차 집중하지 못하게 하고 점점 자신과 주변을 어렵게 만드는 것은 아닌지 모르겠습니다.

여성가족부에서 발표한 '2019년도 청소년 통계'에 따르면 청소년 사망 원인의 1위는 '고의적 자해', 즉 자살이었습니다. 지난 2007년 이후로 12년간 1위 자리를 지켜온 사망 원인입니다. 청소년들이 살아온 시대, 그리고 지금 살고 있는 시대가 그들을 이런 극단적 선택으로 몰고간 것입니다. 이렇게 되기까지 '학습된 무기력'이 작용한 부분이 있다고 봅니다. 지난날 수차례 경험한 좌절과 낙심으로 인해 오늘 찾아온 어려움을 적극적으로 해결할 엄두조차 내지 못하게 된 것은 아닌가 생각해봅니다.

우리에게도 '학습된 무기력'이 있지 않습니까? '나는 안 될 거야', '우리는 안 돼' 하는 생각이 밀려올 때가 있지 않습니까? 지금의 상황이 고통스럽지만 달리 벗어날 길이 없는 것 같아 아무런 시도도 하지 않은 채 주저앉아 있지는 않습니까? 이전에 실패한 경험에 사로잡혀 지금 할 수 있는 일조차 못하고 있지는 않습니까? 어떻게 해야 그런 상태에서 벗어날 수 있을까요?

스가랴가 살던 시대

스가랴가 살던 시대가 그랬습니다. 당시 이스라엘 백성은 '학습된 무기력'에 빠져 아무것도 하고 싶어 하지 않았습니다. 그것은 한 개인이 아니라 사회 전체의 문제였습니다.

그들은 우여곡절 끝에 고향땅 예루살렘으로 돌아왔지만 문제는 해결되지 않은 채 그대로였습니다. 첫째, 그들은 정치적으로 완전한 독립국이 아니었습니다. 페르시아의 유화정책 덕분에 속국으로서 약간의 자유를 얻은 것이지 독립한 것이 아닙니다. 그들은 여전히 페르시아의 노예입니다. 그래서 성전을 지으려면 페르시아의 눈치를 보아야 했고, 페르시아가 허락하지 않으면 언제든 공사를 중단해야 했습니다. 둘째, 흉년으로 기근이 이어지고 있었습니다. 학개 1장에서는 하늘이 이슬을 그치고 땅이 산물을 그쳤다고 말합니다. 먹고사는 것 자체가 힘든 상황이 꽤 오랫동안 지속된 것 같습니다. 셋째, 이스라엘의 영적 상태가 바닥을 치고 있었습니다. 분명 성전을 짓겠다는 염원을 품고 고향땅으로 돌아온 백성들입니다. 그런데 주변의 방해로 성전을 더 이상 짓지 못하게 되었고 공사는 16년 동안이나 중단되었습니다. 그 사이에 그나마 있던 종교적 열정은 사라져버렸지요.

예배를 회복하고 싶어 돌아온 사람들이 예배를 드리지 못하게 되었습니다. 하나님과 관계를 회복하고 싶어 먼 길을 왔지만 현실의 문제에 발목이 잡혀 하나님과 상관없이 16년을 살고 말았습니다. 기도도 찬양도 말씀도 없이 16년을 살았습니다. 그것은 영적으로 죽은 시간이었습니다. 이스라엘은 정치적, 경제적, 영적으로 삼중고를 겪었습니다. 차라리 바벨론에 있을 때에는 언젠가 하나님께서 구원해 주시리라는 소망이라도 있었습니다. 그런데 고향인 예루살렘에 돌아왔는데도 상황이 바뀌지 않은 데서 오는 무력함을 그들은 16년 동안 경험한 것입니다. 그런 이스라엘 백성에게 스가랴를 통해 "내게로 돌아오라"는 하나님의 말씀이 처음 선포되었고, 3개월 후 다시 선포됩니다.

> 다리오 왕 제이년 열한째 달 곧 스밧월 이십사일에 잇도의 손자 베레갸의 아들 선지자 스가랴에게 여호와의 말씀이 임하니라(1:7).

다리오 왕 제2년 11월입니다. 처음 스가랴에게 임한 하나님의 말씀이 이스라엘을 진단하고 처방하는 메시지였다면, 이제 임한 말씀은 본격적인 위로와 격려의 메시지라고 할 수 있습니다. 16년간 중단되었던 성전 재건 공사가 학개 선지자의 말씀 선포로 다시 시작된 지 5개월이 지난 시점입니다. 성전의 기초가 완성되고 이제 그 위로 건물이 올라가는 상황입니다. 시기상 이스라엘 백성이 대단히 희망에 차 있을 것 같은 때입니다.

그런데 실제로 이스라엘의 마음은 그렇지 못했습니다. 공사를 시작하고 5개월이 지나도록 이스라엘의 상황이 바뀐 것이 하나도 없기 때문입니다. 여전히 페르시아의 속국으로 눈치를 보아야 합니다. 주변에 자리 잡은 사마리아 사람들의 방해는 여전합니다. 성전 건축과 관련해 많은 인력과 물자가 동원되는 상황인데 흉년이 계속되니 경제적 기반이 불안하기만 합니다. 성전을 짓는 '선한' 일을 하고 있는데도 눈에 보이는 확실한 보상이 주어지지 않습니다. 상황이 좋아지기는커녕 더 어려워지고만 있습니다. 공사가 진행되면서 이스라엘 백성의 마음은 오히려 조금씩 식어가고 있습니다. 두렵기 때문입니다. '이렇게 힘들게 성전을 지었는데 바뀌는 것이 없으면 어떡하나' 하는 두려움이 밀려옵니다. 두려움에 이어 낙심도 듭니다. '우리가 다시 지은 성전에 과연 하나님께서 오실까?' 더 솔직하게는 '다 부질없다'는 생각이 밀려옵니다. '학습된 무기력'이 그들의 생각과 행동을 지배합니다. '우리가 하는 일이 잘될 리 없어.'

하나님께서는 그들을 낙심의 자리에서, '학습된 무기력'에서 회복시키셔야 했습니다. 그래서 스가랴 선지자를 통해 여덟 가지 환상을 보여주십니다.

내가 이스라엘의 대적을 공격하리라

이 환상들을 하나하나 설명하자면 시간이 많이 걸릴 뿐만 아니라 설교하기에 그리 적절하지 않다고 생각합니다. 그러므로 본문에 나오는 말이 몇 마리이고 그 색깔이 무엇을 의미하는지는 여기서 세세히 설명하지 않겠습니다. 학자마다 의견이 다른 데다가 주석서에서 이런 내용을 설명하는 데 이미 많은 지면을 할애하고 있기 때문입니다. 읽다 보면 재미있기도 하고 감동적인 부분도 있습니다. 그러나 저는 환상의 자세하고 구체적인 내용을 설명하기보다 환상 자체가 의미하는 바에 좀 더 집중하고자 합니다. 환상을 관통하는 한 가지 주요 아이디어, 즉 핵심 사상을 드러내 보여드리고 싶습니다.

먼저 첫 번째 네 말의 환상입니다. 총 네 번의 장면 전환으로 이루어지는데 전체 스토리와 대화, 그리고 결론을 간단히 정리하겠습니다. 1막이 오르고 스가랴는 꿈속에서 '붉은 말을 타고 화석류 나무 사이에 선 자'를 봅니다. 붉은 말을 탄 자 뒤로는 또 다른 붉은 말과 자줏빛 말과 백마를 타고 있는 자들이 보입니다(8-9절). 스가랴는 옆에 있는 '내게 말하는 천사'에게 자기가 지금 보고 있는 것이 무엇인지를 묻습니다. '내게 말하는 천사'는 스가랴에게 지금 일어나는 일을 보여주겠다고 말하며 그 환상 속으로 함께 들어갑니다.

2막이 오르고 붉은 말을 탄 자가 다른 말을 타고 온 자들과 대화를 나눕니다(10-11절). 다른 말을 타고 온 자들이 붉은 말을 탄 자에게 자신들이 명령을 받고 땅을 돌아다니며 발견한 것들에 대해 보고합니다. "우리가 땅에 두루 다녀 보니 온 땅이 평안하고 조용하더이다."

3막이 오르면 이 장면을 보고 '내게 말하는 천사'가 스가랴와 이스라엘 백성의 마음을 대변하여 하나님께 묻고 하나님께서 대답하시는 장면이 나옵니다(12-13절). '내게 말하는 천사'가 "만군의 여호와여, 여호와께서 언제까지 예루살렘과 유다 성읍들을 불쌍히 여기지 아니하시려 하나이까? 이를 노하신 지 칠십 년이 되었나이다"라고 묻자 여호와께서 이에 "선한 말씀, 위로하는 말씀"으로 대답하십니다. '내게 말하는 천사'는 스가랴에게 이 말씀을 들려주며 이스라엘 백성을 향해 외치라고 말합니다.

4막이 오르면 하나님께서 스가랴에게 외치라고 하신 말씀이 나옵니다(14-17절).

> ¹⁴ 내게 말하는 천사가 내게 이르되 너는 외쳐 이르기를 만군의 여호와의 말씀에 내가 예루살렘을 위하며 시온을 위하여 크게 질투하며 ¹⁵ 안일한 여러 나라들 때문에 심히 진노하나니 나는 조금 노하였거늘 그들은 힘을 내어 고난을 더하였음이라 ¹⁶ 그러므로 여호와가 이처럼 말하노라 내가

불쌍히 여기므로 예루살렘에 돌아왔은즉 내 집이 그 가운데에 건축되리니 예루살렘 위에 먹줄이 쳐지리라 만군의 여호와의 말이니라 17 그가 다시 외쳐 이르기를 만군의 여호와의 말씀에 나의 성읍들이 넘치도록 다시 풍부할 것이라 여호와가 다시 시온을 위로하며 다시 예루살렘을 택하리라 하라 하니라(1:14-17).

스가랴서가 읽기 어렵게 느껴지는 것은 문맥에서 누가 말하고 누가 듣는지가 헷갈려서입니다. 대사가 있는 등장인물은 스가랴, 내게 말하는 천사, 붉은 말을 탄 자, 다른 말을 타고 온 자, 그리고 여호와 하나님이라는 점을 기억해 두시기 바랍니다. 누가 누구에게 어떤 말을 했는지만 알면 파악하기가 그리 어렵지 않은 환상입니다.

이 환상에서는 '땅을 두루 돌아다니며 감시하는 말을 탄 자들'이 그들의 대장에 해당하는 '붉은 말을 탄 자'에게 "온 땅이 평안하고 조용하더이다"라고 보고할 때, 왜 '내게 말하는 천사'가 하나님께 "언제까지 예루살렘을 불쌍히 여기지 아니하시려 하나이까?"라고 물으며 비통해 하는지만 이해하면 됩니다. 여기서 '온 땅'이란 당시 페르시아가 통치하는 전 지역을 의미합니다. 다리오 왕 제2년 11월은 캄비

세스 2세 왕이 갑작스럽게 죽은 후 제국 곳곳에서 일어난 반란이 완전히 진압된 시기였습니다. 다리오 왕의 통치가 안정기에 들어선 것입니다.

곳곳에서 일어나는 반란을 보면서 이스라엘은 은연중에 기대했습니다. 이렇게 제국이 무너지기를 말입니다. 그 와중에 그들도 어부지리로 독립할 수 있지 않을까 기대한 것입니다. 그러나 제국은 무너지지 않았습니다. 평안하고 조용하기만 합니다. 이스라엘에게는 독립할 수 있는 좋은 기회가 사라진 것입니다. 그래서 '내게 말하는 천사'가 이스라엘을 대변해 탄식하듯 하나님께 묻습니다. "언제까지 예루살렘과 유다 성읍들을 불쌍히 여기지 아니하시려하나이까? 이를 노하신 지 칠십 년이 되었나이다."

이 질문에 대한 대답이 14-17절의 모든 내용입니다. 주님은 예루살렘과 시온을 여전히 '크게 질투하고'(원어는 '카나', 즉 '열심'인데 '많이 사랑하여'로도 번역할 수 있습니다) 안일한 생활을 즐기는 이방 나라들에게는 '심히 진노하겠다'고 말씀하십니다. 그리고 예루살렘을 불쌍히 여겨 이곳으로 돌아오셨고, 이곳에 성전이 건축될 것이며, 예루살렘 성이 새롭게 세워져 넘치도록 풍성하게 될 것이라고 약속하십니다. 이렇듯 이스라엘이 완전히 회복될 것이니 눈앞에 보이는 상황과 들려오는 풍문에 흔들리지 말고 계속 성전 짓는 일을 감당하라는 것이 핵심 메시지입니다.

사랑하는 성도 여러분, 하나님께서 이렇게 말씀하시지만 당장 우리가 보기에는 달라진 것은 없습니다. 세상은 여전히 악한 세력이 다스리는 것 같습니다. 손에 잡히는 성과가 없고 형편이 나아지기를 기대하기도 어렵습니다. 낙심하기 딱 좋은 상황입니다. '학습된 무기력'이 잠식해 들어옵니다. 이전에도 안 되었고 지금도 어려우니 앞으로도 안 될 것 같다는 생각이 자꾸 듭니다. 이런 생각은 성전 재건이 무슨 의미가 있을까 하는 회의로 이어집니다. 내가 기도를 시작한다고 한들, 말씀을 읽는다고 한들, 하나님과의 관계를 새롭게 하려고 시도한들 뭐가 대단히 달라질까요?

하나님께서 그런 마음을 가진 우리에게 찾아와 말씀하십니다. "내가 일하고 계획하고 싸우고 있다. 내가 너와 함께하여 승리하게 하겠다." "네가 짓고 있는 성전에 내가 임할 것이고, 그 성전을 중심으로 네 모든 것을 회복시키겠다"고 약속하십니다. 지금 당장 눈에 보이지 않더라도 하나님의 약속을 믿고, 그 믿음으로 오늘 우리가 세워야 할 성전을 세우라는 말씀입니다. 주님께서 주시는 약속을 믿고, 그 믿음으로 자꾸 불안하고 무기력해지는 내 느낌을 넘어

묵묵히 성전을 세우는 자리, 순종의 자리로 나아가는 모든 성도가 되기를 축원합니다.

위로하시는 하나님: 구약의 그리스도

첫 번째 네 말의 환상이 전하는 메시지를 정리해보았습니다. 저는 이 환상이 전하는 위로의 메시지 중심에 있는 '어떤 분'에 대해 더 나누고 싶습니다. 스가랴서는 우리에게 메시지를 전달할 뿐만 아니라 환상을 사용해 계속해서 특정한 이미지를 보여주고 있습니다. 그 이미지를 깊이 묵상할 때 우리는 진짜 위로를 경험할 수 있습니다. 스가랴가 첫 번째 환상에서 '붉은 말을 탄 자'라고 지칭한 이는 과연 누구일까요? 먼저 스가랴가 그를 '어떤 분'으로 묘사했는지 보겠습니다.

첫째, 그는 우리 가운데 거하며 우리의 모든 사정을 아시는 분입니다(8-13절). 붉은 말을 탄 자는 '밤에, 골짜기 속, 화석류 나무 사이에' 있다고 했습니다. 밤과 골짜기는 고통과 절망의 시대를 상징합니다. 화석류 나무는 2미터 정도까지 자라며 예루살렘 부근에서 흔히 볼 수 있는 관목입니다. 볼품없어도 생명력이 강해 척박한 환경에서도 살아남아 자리를 지키는 사철나무지요. 당시 화석류 나무는 이스라엘 민족을 상징했습니다. 뒤에 가서 좀 더 살펴보겠지만 '붉은 말을 탄 자'는 이 땅에 오신 하나님, 즉 구약에서 일하시는 성자 예수님을 의미합니다. 그분이 '굳이' 밤에 골짜기 속 화석류 나무 사이에 서 계십니다. 이것은 예수님께서 고통당하는 이스라엘 가운데 계심을 보여주는 이미지입니다.

그즈음 이스라엘의 가장 큰 고민은 "하나님께서 과연 우리 가운데로 돌아오실까?"였습니다. 화려한 솔로몬의 성전도 떠나신 하나님께서 그들이 짓고 있는 초라한 성전에 과연 다시 돌아와 그들과 함께하실지 그들은 확신하지 못했습니다. 그런데 환상 속의 이미지는 뭐라고 말하고 있습니까? "얘들아, 나는 언제나 너희 안에 있었어. 사실 한 번도 떠난 적이 없었다"라고 말씀하십니다. 항상 그들과 함께하는 그분은 그들을 아십니다. 지금 그들에게 위로가 필요하다는 것을 아십니다. 그들이 '학습된 무기력'에 빠져 성전을 지으면서도 자신감이 없고, 공사가 진척될수록 하나님이 오시지 않을 것 같아 손에서 힘이 점점 더 빠져나가고 있음을 아십니다. 그래서 스가랴를 통해 이때 이 방법으로 그들을 찾아오셨습니다.

우리가 예수님을 믿음에도 불구하고 때로 힘들어하는 이유가 무엇입니까? 예수님이 나를 떠나신 것 같기 때문이 아닙니까? 나와 상관없이 멀리 계시고 내 속사정을 전혀 모르실 것만 같습니다. 나는 주님을 위해 열심히 일하고 있는데, 주님은 그런 사실을 전혀 알지 못하시는 것 같으니 절망감이 밀려옵니다. 그러나 우리 주님은 그런 분이 아니십니다. 우리 주님은 '밤에, 골짜기 속 초라한 화석류 나무 사이에 서신 분'입니다. 주님을 믿고 주님을 위해 일한다지만 별 볼 일 없고 의심하고 불안해하는 나, 주님께 손해 끼칠 일이 더 많은 나를 찾아와 내 곁에 서신 분입니다.

둘째, 그는 우리를 사랑하시는 분입니다.

> 내게 말하는 천사가 내게 이르되 너는 외쳐 이르기를 만군의 여호와의 말씀에 내가 예루살렘을 위하며 시온을 위하여 크게 질투하며(1:14).

"내가 예루살렘을 위하며 시온을 위하여 크게 질투하며"라는 구절을 새번역 성경은 "나는 예루살렘과 시온을 몹시 사랑한다"로 번역하고 있습니다. 개역개정 성경에서 '질투'로 번역된 히브리어 '카나'는 가치 중립적으로 쓰일 때는 '열심'을 의미합니다. 긍정적인 의미로는 '사랑', 부정적인 의미로는 '질투'로 쓰입니다. 14절은 이스라엘을 향한 말씀이고, 15절은 이스라엘을 멸망시킨 제국을 향한 말씀이므로 제국의 심판을 이야기하는 15절을 생각해볼 때, 14절의 이스라엘을 향한 '카나'는 부정적이기보다 긍정적인 의미로 쓰였을 가능성이 큽니다. 다시 말해 14절은 "나는 예루살렘과 시온을 몹시 사랑한다"라는 고백으로 읽어야 합니다. 하나님께서 공개적으로 이스라엘을 "몹시 사랑한다"고 외치며 사랑 고백을 하고 계십니다.

이스라엘은 그들을 압제하는 페르시아가 너무나 안정되고 평온한 것을 보고 실망했습니다. 하나님께서 이스라엘을 불쌍히 여기지 않으신다는 생각이 들었습니다. 회복을 약속하신 70년이 지났는데도(렘 29:10) 형편이 나아지지 않은 것을 보니 하나님께서 그들을 사랑하지 않으시는 것 같아 서운함이 든 것입니다. 성전을 짓고 있으면서도 그들의 마음은 '하나님은 우리를 사랑하지 않으신다'라는 생각으로 가득합니다. 그러니 하고 있는 일에 마음이 담기지 않습니다.

그런데 하나님께서 첫 번째 환상을 통해 큰소리로 외치십니다. "나는 예루살렘과 시온을 몹시 사랑한다!" 그 말씀이 또렷이 울려 퍼지면서 이스라엘은 깨닫습니다. '우리가 바벨론에 포로로 끌려간 것도 그분의 사랑이었고, 성전을 짓다가 말고 살아온 지난 16년도 그분의 사랑이었고, 지금 성전을 다시 짓는 것도 그분의 사랑이구나'라고 말입니다.

하나님은 우리를 사랑하십니다. 너무나 사랑하기에 우리를 위해 생명까지 내어 주셨습니다. 자신의 전부를 내어놓고 우리를 향한 사랑을 증명하셨습니다. 우리가 인생에서 해결되지 않은 몇 가지 문제 때문에 "하나님, 언제 저를 사랑하셨습니까? 사랑하신 적이 있습니까?"라고 따질 때마다 하나님께서는 우리를 향해 외치십니다. "내가 너와 네 가정과 네 교회를 몹시 사랑한다." 십자가에서 온 우주를 향해 크게 울려 퍼진 주님의 사랑 고백을 다시금 들을 수 있기를 바랍니다. 영적인 귀가 열려 그 소리를 선명하게 듣게 되기를 축원합니다.

셋째, 그는 우리를 대신해 싸우고 우리의 회복을 계획하시는 분입니다(15-17절). 말은 전쟁을 상징합니다. 주님이 말을 타고 등장하신 것은 이제 전쟁을 하시겠다는 의미입니다. 그분이 말을 타고 있는 많은 자들과 함께하고 있습니다. 이제 곧 전쟁이 일어난다는 뜻이지요. 그 모습에서 우리는 무엇을 확신할 수 있습니까? 붉은 말을 탄 자가 전쟁에서 앞장서고 곧 이기시리라는 것입니다. 주님은 우리를 회복시킬 계획도 가지고 계십니다.

> ¹⁶ 그러므로 여호와가 이처럼 말하노라 내가 불쌍히 여기므로 예루살렘에 돌아왔은즉 내 집이 그 가운데에 건축되리니 예루살렘 위에 먹줄이 쳐지리라 만군의 여호와의 말이니라 ¹⁷ 그가 다시 외쳐 이르기를 만군의 여호와의 말씀에 나의 성읍들이 넘치도록 다시 풍부할 것이라 여호와가 다시 시온을 위로하며 다시 예루살렘을 택하리라 하라 하니라 (1:16-17).

우리를 대신해 하나님 나라의 대적들과 싸우겠다고 한 분이 자기 백성을 위해서는 어떻게 하십니까? 건축자가 되십니다. "내가 예루살렘에 돌아왔으므로 내 집인 성전이 건축될 것이고, 내가 예루살렘 위에 먹줄을 치겠다"고 말씀하십니다. 먹줄이란 먹통에 딸린 실줄로서 먹을 묻혀 곧게 줄을 치는 데 쓰는 건축 연장입니다. 집을 짓거나 무언가를 만들 때 가장 중요한 일 중 하나가 긴 직선을 정확히 긋는 작업인데, 이렇게 긴 거리를 직선으로 그을 때 먹줄을 이용합니다. 먹통 가운데 박은 고리에 끈을 묶어 수직을 가늠하는 다림추 대용으로 쓰기도 하니 아주 요긴한 연장이지요. 하나님께서 직접 예루살렘 성을 설계하고 짓겠다고 약속하십니다. 넘치도록 풍부한 성읍으로 다시 지으시겠다는 약속입니다.

결정적으로 이렇게 말씀하십니다. "내가 다시 시온을 위로하며 다시 예루살렘을 택하리라." 다시 예루살렘을 택한다는 것은 백성들의 모든 특권을 완벽하게 회복시킨다는 의미입니다. 유다가 멸망하고 성전이 불탔을 때, 그들이 맞이한 진짜 비극은 단지 나라가 망하고 건물이 불타서 없어진 것이 아니라 하나님의 백성으로 누리던 특권을 박탈당한 데 있었습니다. 성전이 문제가 아니라 그곳에서 누리던 특권을 잃게 된 것이 문제였습니다. 그런데 하나님께서 그것을 모두 회복시키겠다고 말씀하십니다.

예수님을 믿으면 우리에게 일어나는 변화에 대해 어떤 분이 이렇게 말씀하시더군요. "하나님께서 우리를 죄를 한 번도 짓지 않은 존재로 보시는 것, 이것이 예수님을 믿을 때 우리에게 일어나는 변화다." 저는 이 말이 참 좋습니다. 우리는 내 죄든 남의 죄든 죄 지은 과거를 다 기억하지 않습니까? 누군가를 용서하더라도 과거의 기억이 찌꺼기처럼 남아 사라지지 않습니다. 그런데 하나님께서 회복시켜

주신다는 것은 그런 과거가 아예 없던 일처럼 된다는 것입니다. 그래서 하나님께서 우리를 보실 때 죄를 한 번도 짓지 않은 사람으로 보시는 것, 이것이 회복입니다. 예수님을 믿는 사람에게 일어나는 변화지요. 완전히 새로운 출발입니다. 예수님을 믿기만 하면, 예수님을 의지하고 죄를 고백하면, 죄가 전혀 없는 사람으로 다시 출발할 수 있다니 이보다 좋은 일이 또 있을까요?

본문에 나오는 회복에 대한 말씀은 장차 오실 예수 그리스도로 인해 가능한 일입니다. 하나님께서 성전을 짓고 있는 백성들에게 성전의 외형이 아니라 거기에 담긴 의미가 중요하다는 사실을 일깨우며 그들을 격려하기 위해 환상을 통해 앞으로 일어날 일을 말씀해주시는 것입니다. 비전을 보여주시는 것이지요. 장차 예수 그리스도가 이 땅에 오시면 하나님의 백성들은 다시 하나님과 새롭게 출발할 수 있습니다. "내가 다시 예루살렘을 택하노라!" 이것은 하나님께서 구약 시대에 이미 신약 시대 성도인 우리를 내다보며 하신 말씀입니다.

첫 번째 네 말의 환상은 하나님이 어떤 분인지 알려주며 우리에게 위로를 주고 있습니다. 사랑하는 성도 여러분! 사방이 막혀 있으면 하늘을 쳐다봅시다. 하나님은 우리의 곤경을 아시는 분이니까요. 그분의 눈빛이 이미 우리에게 말씀하십니다. 언제나 백성들 가운데 서신 하나님은 오늘도 우리 가운데 임재하십니다. 하나님은 심판주로서 우리를 위해 싸울 준비가 되어 있습니다. 우리가 도망치지 않고 싸우면 우리를 위해 싸우실 것입니다. 우리를 향한 하나님의 뜨거운 열정은 아무도 막을 수 없습니다. 하나님은 그리스도 안에서 우리를 날마다 새롭게 회복시켜주십니다.

그런 주님을 바라보며 깊은 낙심과 무기력에서 벗어나 주님께 사랑을 고백하는 자리까지 나아가는 모든 성도가 되기를 축원합니다.

3
네 뿔과 네 대장장이

(슥 1:18-21)

우리와 함께하시는 하나님: 위로

이스라엘 백성들은 성전을 재건하기 위해 힘을 냈고, 공사를 시작한 지 5개월 정도가 되었습니다. 그런데 그들의 마음에는 성전을 짓는 것이 과연 의미 있는 일인지 회의가 커져갔습니다. 막상 공사를 시작하니 예전의 성전에 훨씬 못 미치는 규모와 외형이 성에 차지 않고, 주변의 여건이 나아지는 것 없이 어렵기만 했기 때문입니다. 그들의 입장에서 보면 낙심이 될 만도 합니다. 되는 일 없이 실패를 거듭하다 보면 그런 마음이 드는 것이 당연합니다. 하나님께서는 눈에 보이는 성전이 건축되기 전에 이스라엘 백성들의 마음이 회복되기를 원하셨습니다. 눈에 보이지 않는 마음의 성전 말입니다. 그래서 스가랴 선지자를 통해 그들에게 여덟 가지 환상을 주십니다.

우리는 성경에 나오는 환상들을 이해하기 어렵다고 생각합니다. 그래서 내용을 깊이 살펴보거나 이해하려 하지 않을 때가 있습니다. 그러나 성경은 그리스도를 인생의 주인으로 삼은 모든 이들에게 열린 책이며 이해가 불가능한 부분은 없습니다. 하나님께서 가장 비참한 상태에 놓여 있던 이스라엘을 위해 주신 위로의 책이라면, 오늘을 사는 우리에게도 그것은 반드시 필요한 책일 테고 우리는 그 책을 통해 위로를 받을 수 있습니다.

앞장에서 말씀드린 '붉은 말을 탄 자' 환상의 핵심은 무엇입니까? 그것은 이후의 모든 환상을 이끌어갈 주인공, 즉 우리의 구원을 위해 하나님께서 보내주실 구원자에 대한 소개였습니다. 그는 한밤중 골짜기 속 화석류 나무 사이에 서신 분이었습니다. 화석류는 당시에 흔하디 흔한 나무였지만 동시에 이스라엘을 상징하는 것이었지요. 그는 화석류 나무 같은 이스라엘을 너무나 사랑해 질투까지 하시는 분이었습니다. 그래서 그들을 위해 전쟁을 준비하고 백성을 회복시킬 계획을 품으셨습니다. 우리를 알고 우리와 함께하고 우리를 사랑하고 우리를 대신해 싸우며 우리를 회복시킬 계획을 품으신 그분을 어떻게 사랑하지 않을 수 있을까요? 사랑하는 주님께서 임하실 성전이기에 그들은 다시 힘을 내어 건축할 수 있었습니다.

'학습된 무기력'을 뛰어넘어야 합니다. 이전에 실패했다고 해서 또 실패할 것이라고 단정지어서는 안 됩니다. 주님이 어떤 분인지 알 때 우리는 무기력에서 벗어날 수 있습니다. 우리 주님이 정말 스가랴를 통해 보여주신 첫 번째 환상에서 본 그분이라면, 우리는 설령 넘어졌을지라도 그 자리에서 일어날 수 있습니다. 우리 주님이 붉은 말을 타고 그분의 군대와 함께 우리 앞에서 싸우신다면 우리는 반드시 승리할 것입니다. 그분이 회복 계획을 세우셨다면 반드시 이루시기 때문입니다.

네 뿔과 네 대장장이 이야기

첫 번째 환상을 통해 우리는 이 모든 환상의 주인공이 누구인지 알게 되었습니다. 이제 두 번째 환상으로 들어갈 차례입니다. 두 번째 환상의 핵심은 "어떻게 우리를 위로하실 것인가?"입니다. 강조점은 '어떻게'에 있습니다. 하나님께서 이스라엘이 짓고 있는 작고 초라한 성전을 통해 무슨 일을 하실지 말씀하십니다. 간단히 정리하면 다음과 같습니다.

"내가 눈을 들어 본즉"이라는 표현이 새로운 환상이 시작될 때마다 나옵니다. 하나님께서 스가랴에게 환상을 연달아 보여주시는데 중간 중간에 끊어 새로운 주제를 소개하십니다. 스가랴 선지자의 눈에 네 뿔이 보입니다. 그는 '내게 말하는 천사'에게 네 뿔이 무엇인지 묻습니다. '내게 말하는 천사'는 "이들은 유다와 이스라엘과 예루살렘을 흩뜨린 뿔이니라"고 대답합니다. '흩뜨리다'는 씨앗을 뿌릴 때 사용하는 표현입니다. 이것은 이스라엘 백성들을 온 세상에 뿔뿔이 흩어버린 사건, 즉 유다가 멸망하고 백성들이 제국의 포로가 되어 끌려간 사건을 의미합니다. 이스라엘 백성들이 가장 비참하게 생각하는 사건입니다.

그런데 환상이 거기서 끝나지 않습니다. "그때에 여호와께서 대장장이 네 명을 내게 보이시기로." 하나님께서 스가랴에게 네 명의 대장장이를 추가로 더 보여주십니다. 스가랴는 그들이 왜 왔는지, 무엇을 하는 자들인지 묻습니다. 하나님께서는 네 명의 대장장이가 이스라엘을 정복하고 뿔뿔이 흩어버렸던 '네 뿔'을 두렵게 하고 떨어뜨릴 것이라고 약속하십니다. 네 대장장이를 통해 하나님의 백성을 압제했던 세력이 철저하게 무너질 것을 예고하십니다.

성도 여러분, 환상을 너무 어렵게 생각하지 마시기 바랍니다. 그냥 읽으면 이해되는 내용입니다. 네 개의 뿔들이 어떻게 생겼는지, 대장장이들이 어떤 모습인지에 관한 세세한 묘사도 없습니다. 스가랴는 네 뿔의 생김새나 네 대장장이들의 모습에 관심이 없습니다. 더 중요한 것이 있기 때문입니다. 성경이 말하고 있지 않은 것까지 알려고 하기 때문에 성경 속의 환상이 어렵게 느껴지는 것은 아닌지 모르겠습니다.

이것이 의미하는 바를 이스라엘 역사 속에서 굳이 찾아 성경과 비교 대조하면서 하나님의 말씀이 역사 속에서 성취됨을 증명하려는 이들이 있습니다. 이와 유사하게 본문의 환상을 오늘날 역사적 사건과 연결짓는 이들도 있습니다. 이를테면 이스라엘 주변에 네 개의 뿔에 해당하는 네 개의 강대국을 들면서 동방의 예루살렘인 대한민국 주변에도 미국, 러시아, 중국, 일본이라는 네 개의 뿔이 있다는 식으로 말입니다. 그러나 그것은 성경적인 근거가 없는 해석입니다. 근거 없는 주장을 하려니 여기저기서 성경 구절을 끌어오고 역사책의 내용을 가져다 씁니다. 자신의 전제에 짜맞추기 위해 입맛에 맞는 대로 필요한 것만 골라 쓰는 경우가 대부분입니다. 자연히 무리한 해석과 적용이 따를 수밖에요.

본문의 핵심 메시지는 간단합니다. "이스라엘을 압제했던 적들, 이스라엘을 온 세계로 흩어버린 적들을 '내가 보내는 이들'이 물리칠 것이다. 그러니 너희는 걱정하지 말고 지금 하고 있는 성전 짓는 일에 집중하라." 불안한 마음을 안고 일하는 이스라엘 백성에게 하나님께서 근심을 벗어버릴 것을 명하십니다. 내가 너희 대적과 이렇게 싸우겠다는 것을 환상으로 보여주십니다.

이제 핵심 메시지를 근거로 말씀 속으로 좀 더 깊이 들어가보겠습니다. 여기서는 두 가지만 알면 됩니다. 네 뿔과 네 대장장이가 각각 의미하는 바입니다.

네 뿔의 의미

먼저 네 뿔의 의미입니다.

> ¹⁸ 내가 눈을 들어 본즉 네 개의 뿔이 보이기로 ¹⁹ 이에 내게 말하는 천사에게 묻되 이들이 무엇이니이까 하니 내게 대답하되 이들은 유다와 이스라엘과 예루살렘을 흩뜨린 뿔이니

라(1:18-19).

학자들은 오랜 기간 동안 '네 개의 뿔'이 무엇을 의미하는지 연구하고 있습니다. 히브리어로 '케렌'이라고 하는 뿔은 일반적으로 힘이나 명예, 존엄을 상징합니다. 뿔을 가지고 상대방을 향해 간다는 것은 그와 싸워서 이길 것이라는 메시지를 담고 있기도 합니다. 아합과 여호사밧이 아람 족과 싸우려 할 때, 거짓 선지자 시드기야가 자신이 만든 철뿔을 가지고 나와 그들이 이 전쟁에서 승리할 것이라는 메시지를 전한 것이 대표적인 예입니다(왕상 22:11). 다니엘 8장에도 숫염소의 하나 있던 뿔에서 "현저한 뿔 넷이 하늘 사방을 향하여"(단 8:8) 났다는 표현이 나오는데, 여기서 네 뿔은 알렉산드로스 대왕이 죽은 후 헬라 제국이 네 개로 분열됨을 가리키는 것으로 해석되어왔습니다. 이런 전통을 따라 유대인들이 아람어로 번역한 스가랴서에서는 네 뿔을 아예 '네 왕국'이라고 의역하고 있지요.

그러나 이런 방식으로 구약 시대 백성들이 경험한 역사와 네 개의 뿔을 연결시켜 해석하는 것에 반론을 제기하는 학자들이 많습니다. 일단 스가랴가 이에 대해 부연 설명을 하지 않습니다. 또한 성경에 이와 유사하게 '넷'을 강조하는 표현들이 있는데, 그 모든 경우를 같은 식으로 설명할 수 없다는 문제가 있습니다. 스가랴 6장에 네 병거와 네 바람이 등장하는데 이런 표현들마저 역사 속의 나라나 세력을 지칭한다고 볼 수는 없기 때문입니다.

그래서 숫자 4, 넷 자체를 상징으로 해석하기도 합니다. 숫자 4는 '사방' 혹은 '이 세상 전체'를 의미합니다. 그렇게 해석하면 본문에 나오는 '네 뿔'은 온 세상을 가득 채운 세력이라는 의미가 됩니다. 특정한 나라나 세력을 의미하는 것이 아니라 하나님의 백성이 하나님의 백성답게 살지 못하게 하는 모든 적대 세력이 '네 뿔'이 되는 것입니다.

그렇다면 우리는 '네 뿔'이 어떤 일을 하는지 알 수 있습니다. 그 일이 단순히 이스라엘 백성이 역사상 경험한 전쟁과 포로기에만 연결되지 않는다는 것도 말입니다. 하나님의 사람들을 공격하는 모든 것이 네 뿔이 하는 일이기 때문입니다. 그것은 구체적으로 어떤 일입니까?

> 그 뿔들이 유다를 흩뜨려서 사람들이 능히 머리를 들지 못하게 하니(1:21).

네 뿔은 '하나님의 백성'을 흩어버립니다. 그들로 하여금 머리를 들지 못하게 합니다. 약속의 땅을 떠나게 만들고, 하나님의 자녀로서 누리던 당당함을 빼앗아버립니다. 이것을 역사상 실제로 일어난 사건으로 미루어보면 앗수르와 바벨론, 그리고 페르시아와 그리스, 로마 제국이 이스라엘에 행한 일과 연결됩니다. 이스라엘은 주변 강대국에게 비참한 꼴을 당했습니다. 그런데 이스라엘이 멸망한 이유가 정말 주변 강대국이 너무 강하고 악했기 때문일까요? 그래서 이스라엘이 망하고 백성들이 포로로 끌려가고 식민 통치를 받아야 했던 것일까요?

아니요. 이스라엘이 멸망한 이유는 그들 자신의 죄에 있습니다. 주변의 강대국은 다만 하나님께서 타락한 이스라엘을 치기 위해 사용하신 도구일 뿐입니다. 결론적으로 본문에서 말하는 뿔이란 죄를 충동질하고 만들어내는 영적 권세, 죄의 권세를 말합니다. 이것이 바로 하나님의 대답입니다.

이스라엘 백성은 초라한 성전을 다시 지은들 무슨 의미가 있냐고 물었습니다. 크고 화려한 솔로몬 성전도 그들을 지켜주지 못했는데 그보다 못한 성전을 다시 짓는다고 해서 무슨 좋은 일이 있겠느냐고 반문한 것입니다. 그러자 하나님께서 이 성전을 통해 큰일을 행하겠다고 말씀하십니다. 하나님께서 말씀하시는 '큰일'이란 무엇입니까? 사방에서 그들을 찌르는 '죄의 권세', 그들이 이방 나라의 공격을 받아 망하게 하고 그들을 종노릇하게 만든 죄의 권세, 그들 안에 있는 근본적인 원인과 싸움을 시작하겠다는 말씀입니다.

성도 여러분, 우리 안에 죄가 들어오면 어떻게 됩니까? 죄책감 때문에 다른 성도들 속으로 들어갈 수 없게 됩니다. 더 이상 모여서 함께 살 수 없게 됩니다. 빛나는 삶을 사는 무리에 들어가 자신을 드러낼 수 없게 됩니다. 자신이 드러나지 않도록 자꾸 감추게 됩니다. 이런 사람이 많아지면 무리가 흩어지겠지요. 그리고 머리를 들지 못하게 됩니다. 죄의 강력한 영향을 받고 있는 처지에서 당당히 머리를 들고 하나님과 그분의 백성들 앞에 설 수 있는 성도는 없습니다.

가끔 그런 처지에 있는 사람을 보면 우리는 다시 공동체 일에 열심을 내라고, 등을 펴고 자세를 바르게 하라고, 당당하게 걸으라고 권면합니다. 눈에 보이는 증상만 바꾸려고 하는 것이지요. 그런데 지금 하나님께서는 우리가 실패한 모든 것의 근원을 고치겠다고 선언하십니다. 네 뿔, 즉 우리 안에서 왕 노릇 하는 죄의 문제를 다루시겠다는 말씀입니다.

아담 이후에 태어난 모든 인류는 '죄성', 다시 말해 죄를 만들어내는 공장을 가슴에 하나씩 안고 태어납니다. 여기서 끊임없이 죄가 만들어집니다. 죽이고 또 죽여도 만들어지고 또 만들어집니다. 서글프지만 이것이 현실입니다. 죄를 만들어내는 공장의 사장은 사탄입니다. 모든 인간은 사탄의 공장에서 품삯을 받고 일하고 있습니다. 품삯은 '사망'입니다. 사탄에게 고용된 인간은 그자의 말을 듣고 순종하는 데 아무런 어려움이 없습니다. 이미 본성이 죄에 치우쳐 있기 때문에 자발적으로 사탄의 명령을 따르고 하나님을 대적합니다. 그 결과 영원한 심판 가운데로 들어갑니다. 이런 인간의 본질이 가지고 있는 심각한 문제, 인간이 만든 무엇으로도 해결할 수 없는 죄 문제가 바로 우리를 흩어지게 하고 머리를 들지 못하게 만드는 '네 뿔'입니다.

하나님께서는 이스라엘의 중심을 들여다보고 진단하셨습니다. 여기서 겉으로 드러난 증상은 중요하지 않습니다. 콧물이 흐르고 열이 좀 나는 것이 문제가 아니라 그 속에서 썩어가고 있는 장기가 문제입니다. 예수님은 속에서 장기를 썩게 만드는 죄 문제를 해결하기 위해 이 땅에 오신 분입니다. 그분 앞에 나아갑시다. 그분을 구합시다. 그분이 우리 중심에 거하시기를 열망합시다. 그분이 우리 중심의 문제를 해결해주십니다.

네 대장장이의 의미

²⁰ 그때에 여호와께서 대장장이 네 명을 내게 보이시기로 ²¹ 내가 말하되 그들이 무엇하러 왔나이까 하니 대답하여 이르시되 그 뿔들이 유다를 흩뜨려서 사람들이 능히 머리를 들지 못하게 하니 이 대장장이들이 와서 그것들을 두렵게 하고 이전의 뿔들을 들어 유다 땅을 흩뜨린 여러 나라의 뿔들을 떨어뜨리려 하느니라 하시더라(1:20-21).

사방에서 '네 뿔'이 돌격해온다고 생각해보십시오. 얼마나 두려울까요? 다행히 네 뿔의 환상은 거기서 끝나지 않습니다. 네 뿔을 부수고 떨어뜨리는 네 대장장이가 등장합니다. 개역개정 성경에서 '대장장이'로 번역된 이 표현은 개역한글 성경에는 '공장'(工匠)으로 번역되어 있습니다. 저는 '공장'이라고 번역한 것이 더 적절하다고 봅니다. 이에 해당하는 히브리어 '하라쉬'가 금속을 다루는 사람만 의미하지는 않기 때문입니다. '하라쉬'는 금속뿐만 아니라 나무나 돌, 보석으로 작업하는 모든 이들을 지칭합니다. 가장 많이 등장하는 예로 성전 재건에 참여한 사람들을 부르는 호칭을 들 수 있습니다. 스가랴서가 성전 재건을 독려하기 위해 쓰였음을 생각해본다면, 여기에 있는 '네 대장장이'는 성전과 연결된 사람들, 성전을 짓는 사람들 정도로 이해해볼 수 있습니다. 그런데 그 대장장들이 하는 일이 무엇입니까?

대장장이들은 '네 뿔들을 두렵게 하는 일'과 '이 뿔들을 떨어뜨리는 일'을 합니다. 여기서 대장장이가 누구를 의미하는지도 중요합니다. 네 뿔을 해석하는 방식이 곧 네 대장장이를 해석하는 기준이 됩니다. 네 뿔을 역사 속의 제국으로 해석했다면, 네 대장장이도 네 뿔에 해당하는 제국을 무너뜨리는 나라들로 해석해야겠지요. 그런데 이렇게 해석할 경우 네 대장장이의 이야기는 이스라엘에게 별다른 감동을 일으키지 않습니다. 이전에 자신들을 다스렸던 나라를 무너뜨린 또 다른 제국이 이어서 그들을 압제하는 뿔이 되었기 때문입니다.

여기서 우리는 네 뿔을 '사방에서 밀려오는 죄의 세력'으로 이해했던 것처럼, 이 죄를 우리 삶 가운데서 끊어내는 힘을 가진 이로 대장장이를 이해해야 합니다. 우리를 욱여싸고 공격하는 죄의 세력을 이기는 분은 예수님뿐이십니다. 그런데 여기서는 예수님만을 의미하는 단수가 아니라 넷이라는 복수가 쓰입니다. 예수님과 예수님을 따르는 무리를 묶어 복수로 표현한 것입니다. '네 대장장이'를 신약성경의 표현으로 바꾸면 '예수님이 머리이신 몸된 교회'가 됩니다.

"그들이 무엇하러 왔나이까?"라는 질문은 원어상 "그들이 무엇하러 오나이까?"가 되어야 합니다. 그래야 "이 대장장이들이 와서 그들을 두렵게 하고"라는 말이 성립됩니다. 그들은 아직 이스라엘에 온 것이 아니라 지금 오고 있습니다. 이제 곧 네 뿔을 부숴버릴 대장장이들이 도착합니다. 그들이 도착하면 네 뿔의 괴롭힘은 끝나고 이스라엘은 자유를 얻게 될 것입니다.

환상 속에서 언급되는 이스라엘도 그냥 이스라엘이 아닙니다. 이스라엘은 성전이 다시 세워지고 나면 그 성전을 중심으로 일어날 존재입니다. 성전은 인간과 하나님의 교제가 회복됨을 상징합니다. 화해를 의미하지요. 성전은 하나님의 죄사함의 은혜가 부어지는 곳입니다. 깨어진 관계가 회복되는 곳입니다. 훗날 신약 시대에 이르러 예수님은 자신을 성전에 비유하셨습니다. 성전의 회복이란 신약적 의미로는 예수님을 내 안에 모시는 것입니다. 그때 어떤 일이 벌어질까요? 성전, 즉 예수님을 중심으로 새로운 종류의 사람들이 나타납니다. 바로 교회 공동체, 성도 여러분과 저 말입니다.

하나님께서는 이렇게 나타난 사람들이 대장장이신 예수님과 마찬가지로 뿔을 다루는 전문가들이라고 말씀하십니다. 뿔이 아무리 강해도 참된 교회와 성도는 사탄과 죄성의 뿔을 부수고 이길 수 있기 때문입니다. 어떻게 그럴 수 있을까요? 성전 되시는 그리스도에게 끊임없이 새 힘을 공급받으면 됩니다. 우리는 그리스도를 통해 날마다 은혜를 공급받습니다. 성령이 말할 수 없는 탄식으로 백성들과 함께하십니다. 하나님께서 백성들에게 죄(뿔)와 싸워서 이길 힘을 공급해주십니다. 그래서 이 땅의 교회인 우리에게는 '네 뿔'을 제어할 권세가 있습니다. 우리는 예수님의 이름으로 사탄과 마귀의 세력과 생각을 쫓아내고 물리칠 수 있습니다.

그리스도와 함께 한편이 되어

주님은 현실이 쉽다고 말씀하신 적이 없습니다. 우리의 현실은 네 뿔이 쳐들어오는 긴박한 상황일 것입니다. 하나님의 백성을 흩어지게 하고 머리를 들지 못하게 하는 죄의 유혹과 공격은 계속될 것입니다. 우리 힘으로 그것들과 싸우려 한다면 결단코 네 뿔의 공격에서 자신을 지킬 수 없습니다.

그러나 걱정할 필요가 없습니다. 우리는 네 뿔을 파괴할 수 있는 예수님으로 인해 이미 대장장이가 되었습니다. 이 뿔을 부서뜨릴 힘이 교회에 있다는 뜻이지요. 이것이 지금 이스라엘의 눈에는 보이지 않지만 하나님께서 가지고 계신 계획입니다. 성전을 통해 이스라엘 가운데 임재하시는 하나님께서 이스라엘 백성을 이전과는 전혀 다른 상태로 바꾸고자 하십니다. 죄 앞에서 쉽게 쓰러지는 이스라엘의 체질 자체를 바꾸기 시작하신 것입니다. 그분은 이스라엘이 지금 짓고 있는 성전과 함께 이스라엘 가운데 임하실 것입니다. 그리고 그분이 만들어내는 능력과 권세를 우리에게 주겠다고 말씀하십니다. 주님의 능력과 권세로 우리를 공격하는 죄, 즉 사탄의 세력에 맞서 싸우는 교회를 만드시겠다는 것입니다.

그런 의미에서 네 대장장이는 교회, 바로 우리를 가리킵니다. 우리가 영적 싸움을 벌이기 위해 세움받은 영적 전쟁의 전문가들이란 말입니다. 하나님께서 우리를 그렇게 세우기로 하셨으므로 우리는 그렇게 될 수 있습니다. 오늘도 우리의 불안한 마음을 뒤로하고, 우리를 '네 뿔을 이기는 대장장이'로 부르시는 하나님께 나아가기를 바랍니다. 우리를 죄의 유혹에서 건질 수 있는 주님의 능력과 힘과 권세를 구하기를 바랍니다. 주님께서 약속하신 것들을 주실 것입니다. 주님과 함께 오늘 주어진 일상 속에서 하나님을 드러내며 온전한 신앙의 역사를 써가는 성도 여러분이 되기를 축원합니다.

4
성곽 없는 성읍

(슥 2:1-5)

인생의 안정

인본주의 심리학의 선구자 매슬로우는 모든 인간이 가지고 있는 일련의 욕구에 바탕을 두고 욕구 단계 이론을 만들었습니다. 이 욕구 단계들은 가장 긴급한 것에서 덜 긴급한 순으로 분류되어 있습니다. 맨 아래에 가장 낮은 수준의 생리적 욕구가 있고, 그 위로 안전의 욕구, 소속과 애정의 욕구, 존경의 욕구, 자아실현의 욕구가 단계별로 이어집니다. 아래쪽의 욕구가 충족되어야 위쪽의 욕구에 반응하게 되는 구조입니다. 저는 매슬로우의 욕구 단계 이론에 전부 동의하지는 않고, 여기서 심리학 이론을 설명할 마음도

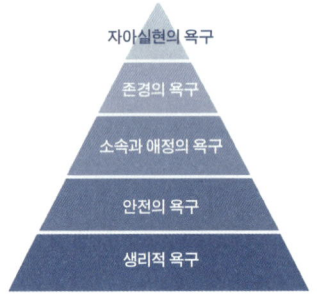

⟨ 매슬로우의 인간 욕구 5단계 ⟩

없습니다. 다만 본문과 관련해 두 번째 단계인 '안전의 욕구'를 살펴보고 싶습니다.

인간은 1차적으로 '생리적 욕구'가 있습니다. 숨쉬기, 먹기, 체온 유지, 성관계 등 생존과 생식을 위한 기본 욕구입니다. 다른 모든 동물에게서도 찾아볼 수 있으며 가장 저변에 있는 욕구입니다. 이 기본적인 욕구가 해결되지 않으면 다른 욕구는 생각조차 할 수 없습니다. 생리적 욕구가 해결되면 다음으로 찾는 것이 '안전의 욕구'입니다. 안정, 취업, 자원, 건강, 보호 등을 바라는 것입니다. 이런 욕구는 자기 삶에 대한 통제력을 잃을까 봐 두려워하는 마음과 관련되어 있습니다. 안전의 욕구가 해결되어야 우리는 비로

소 소속과 애정, 존경, 자아실현의 욕구로 나아갈 수 있습니다. 여러분은 이 그림을 보고 어떤 생각이 드십니까?

오늘날 한국 사회는 '안전의 욕구'가 점점 더 커져가고 있는 것 같습니다. 여러 가지 불안 요소로 인해 많은 사람들이 자기 삶을 스스로 통제할 수 없게 될까 봐 두려워합니다. 일상이라고 생각한 것이 한순간에 무너질지도 모른다는 불안감이 커지고 있습니다.

그래서일까요? 너도 나도 공무원 시험 준비에 열을 올립니다. 2021년도 공무원 시험 지원자 수는 44만여 명이었습니다. 같은 해 수능 응시 인원이 약 49만여 명이었음을 생각할 때 그 수가 어마어마합니다. 직업포털 잡코리아가 대학생을 대상으로 실시한 '2022년 공무원 시험 준비 현황' 설문조사에서는 공무원 시험을 준비하는 이유로 "정년까지 안정적으로 일하고 싶어서"가 응답률 67.0퍼센트로 가장 높게 나왔습니다. 언제 더 이상 일하지 못하게 될지 모르는 상황을 어떻게든 안정된 상황으로 바꾸고 싶은 욕구가 이 땅의 수많은 청년들로 하여금 꿈이나 은사와는 무관하게 공무원 시험을 준비하게 만들고 있습니다.

이것은 안타깝기는 하지만 비판할 일은 전혀 아닙니다. 안정과 안전은 그만큼 우리 삶에서 중요하기 때문입니다.

그런데 오늘 본문은 안전을 추구하는 본성을 지닌 인간, 그중에서도 성도를 향해 안전의 원천이 믿지 않는 이들과는 다른 곳에 있어야 한다고 말합니다. 성경이 말하는 안전이 무엇인지, 그 안전을 어디서 어떻게 얻을 수 있는지 살펴보겠습니다.

'성곽 없는 성읍'이 될 것이다

> ¹ 내가 또 눈을 들어 본즉 한 사람이 측량줄을 그의 손에 잡았기로 ² 네가 어디로 가느냐 물은즉 그가 내게 대답하되 예루살렘을 측량하여 그 너비와 길이를 보고자 하노라 하고 말할 때에(2:1-2).

한 사람이 측량줄을 잡고 등장합니다. 측량줄은 건물을 짓는 데 사용하는 도구입니다. 2절을 보면 그 너비와 길이를 본다는 말이 있는데, 이것은 측량줄이 하는 가장 중요한 일입니다. 건축물과 관련해 정확히 있어야 할 것이 제자리 제시간에 있는가를 점검할 때 기준으로 사용하는 것이 측량줄입니다. 측량줄을 잡고 있는 사람이 지금 예루살렘으로 가고 있습니다. 그의 목적지인 예루살렘 성 전체를 다시 짓기 위해서입니다.

측량줄을 잡고 예루살렘을 향해 급히 가고 있는 이 사람은 누구일까요? '측량줄을 잡았다'는 것은 단순히 건물을 설계하거나 수평과 수직을 잡는 기능을 담당한다는 뜻이 아닙니다. 건축의 모든 기준을 지시하며 심지어 진행의 여부까지 결정한다는 의미입니다. 측량줄을 잡고 기둥의 수직을 측량했는데 수직이 맞지 않으면 그 기둥을 헐고 다시 세우도록 지시하는 것입니다. 그가 측량줄을 잡고 설계대로 길이와 너비가 나왔는지 잽니다. 기준에 맞지 않으면 아무리 잘된 기초라도 뽑아내고 다시 세워야 합니다. 측량줄을 잡은 이가 건물의 모든 사항을 결정합니다. 건축과 관련해 절대적 권한을 가집니다.

신기하게도 스가랴는 막상 '측량줄을 잡고 있는 사람' 자체에 대해서는 묻지 않습니다. 독자의 입장에서는 그 사람이 가장 궁금한데 스가랴도 이스라엘 백성들도 그가 누구인지 묻지 않습니다. 그 이유는 모두가 알고 있기 때문입니다. 이와 같은 존재가 또 있었습니다. 스가랴 1장에서 깊은 밤 골짜기의 화석류 나무 사이에 서 있던 '붉은 말을 탄 자'입니다. 환상의 주인공임에도 불구하고 그를 따로 소개하지 않습니다. 하나님 백성이라면 굳이 소개하지 않아도 알아볼 수 있는 분이기 때문입니다. 누구입니까? 인간의 몸을 입고 이 땅에 오신 하나님, 즉 제2위 하나님이신 성자 하나님, 이후에 예수 그리스도라는 이름으로 인간을 구원하신 바로 그분입니다. 성자 하나님이신 예수님께서 2천 년 전 베들레헴에 인간으로 태어나기 전에는 아무 일도 하지 않으신 것이 아닙니다. 그분은 창조 때부터 하나님 아버지와 함께하셨고, 구약 시대 하나님의 백성들 사이에서도 끊임없이 일하셨습니다. 구약성경에서 종종 인간의 모습으로 인간들 가운데 들어가신 하나님을 만나볼 수 있는데, 그분이 바로 구약 시대에 일하시는 성자 하나님, 즉 예수님입니다.

지금 세 번째 환상 속에서 구약 시대의 그리스도가 측량줄을 잡고 나타나 예루살렘을 향해 가고 계십니다. 이것은 무엇을 의미합니까? 예루살렘이 과거에 경험한 적 없는 엄청난 하나님의 일하심을 경험하게 되리라는 것입니다. 하나님의 아들이 그 손에 측량줄을 잡았으니 이제 놀라운 일을 행하실 것을 확신해도 됩니다. 가령 세 살 아이가 크레파스로 무언가를 그린다고 생각해보십시오. 그 그림은 낙서일 가능성이 크고 무엇을 그렸는지 알 수 있을 정도면 그나마 다행입니다. 하물며 그것을 실제로 구현하기란 아주 어렵습니다. 그러나 세계적인 건축가가 커다란 도면에 자를 대고 무언가를 그리고 있다면 어떨까요? 그가 그리는 설계도가 곧 우리 눈앞에 실제로 구현되어 나타날 것임을 우리는 기대할 수 있습니다.

그런 의미에서 하나님의 아들이 측량줄을 잡고 일하신다는 것은 엄청난 일의 예고가 아닐 수 없습니다. 그 무엇도 막을 수 없는 대역사가 일어날 것입니다. 스가랴는 기대에 찬 표정으로 측량줄을 잡고 있는 사람에게 어디로 가느냐고 묻습니다. 그는 "예루살렘을 측량하러 간다"고 대답합니다. 무너진 이스라엘의 수도이며 그들의 영적 심장인 예루살렘에서 하나님의 위대한 역사를 시작하겠다는 말씀입니다.

> ³ 내게 말하는 천사가 나가고 다른 천사가 나와서 그를 맞으며 ⁴ 이르되 너는 달려가서 그 소년에게 말하여 이르기를 예루살렘은 그 가운데 사람과 가축이 많으므로 성곽 없는 성읍이 될 것이라 하라(2:3-4).

이것이 그가 가지고 있는 계획입니다. 예루살렘에 사람과 짐승, 즉 생명이 아주 많아져 눈에 보이는 돌 성벽으로는 감당할 수 없을 만큼 큰 성읍을 만들겠다는 것입니다. 앞서 스가랴의 환상을 이해할 때, 누가 누구에게 말하는지 파악하는 것이 중요하다고 말씀드렸습니다. 본문의 3절과 4절도 그렇습니다. 간단하게 정리해보겠습니다. 먼저 '측량줄을 잡고 가는 사람'이 예루살렘으로 가고 있는 것을 스가랴가 보았습니다. 그때 '내게 말하는 천사'가 '측량줄을 잡고 가는 사람'을 향해 나아갑니다. 그리고 '또 다른 천사'가 나타나 '내게 말하는 천사'에게 "너는 달려가서 그 소년에게 말하라"며 예루살렘 성읍에서 일어날 일을 말해줍니다. 여기서 '소년'으로 번역된 히브리어 '나아르'는 스가랴를 가리킵니다.

전달 과정은 복잡해도 전달 내용은 선명합니다. 예루살렘 성, 지금은 무너져 있고 사람이 거의 살지 않은 그 성이 복구될 것이며, 이전의 전성기 수준을 넘어 비교할 수 없을 정도로 많은 사람이 사는 곳이 될 것이라는 예언입니다. 그 엄청난 일을 위해 '측량줄을 잡은 사람'이 움직였다는 것이지요. 그로 인해 눈에 보이는 성벽으로는 다 수용할 수 없을 정도로 예루살렘의 인구가 많아지게 될 것이라는 말입니다. 하나님의 나라가 회복되는 놀라운 장면을 스가랴가 본 것입니다.

그런데 이스라엘은 현재 어떤 상태입니까? 지금 그들은 힘이 없습니다. 학개 선지자의 설교를 듣고 잠깐 힘을 내어 건축을 시작했지만 주변 상황이 여의치 않아 점점 힘이 빠지고 있습니다. 결국 그들은 성전의 기초를 만들어놓고 울고 말았습니다. 겉으로는 변화가 있는 것 같지만 마음은 여전히 옛 상태에 머물러 있기 때문입니다. '나는 안 될 것이다'라는 부정적인 생각과 패배감이 끈질기게 달라붙어 있습니다. 과업을 시작했지만 과연 끝까지 이어갈 수 있을지 그들은 확신하지 못합니다.

일이 지지부진하거나 문제가 해결되지 않은 채 오랫동안 반복되어 나타날 때, 우리는 점점 삶에 대한 기대를 접게 됩니다. 새로운 일을 바라거나 꿈꾸지 않게 됩니다. 그냥 이제까지 그랬던 것처럼 오늘 같은 내일이 이어질 것이라고 생각하게 됩니다. 아무런 기대가 없기 때문에 어떤 일에도 열심을 내지 못합니다. 소설가이자 신학자인 도로시 세이어스는 '게으름'이라는 단어를 이렇게 정의합니다.

> 게으름은 믿는 것도 없고 염려도 없고 다짐도 없고 배우거나 성장할 이유도 없고 인생의 목적도 없고, 살아갈 이유도 없고, 그저 자신이 죽을 이유도 없어서 살아가는 죄다.

하루하루 주어진 시간을 그저 '생존을 위해' 사는 것입니다. 꿈도 소망도 기대도 기쁨도 감사도 없이 그저 죽어야 할 적극적인 이유가 없기 때문에 그냥 사는 삶 말입니다. 그렇게 사는 우리를 향해 주님은 말씀하십니다. "내가 너희를 회복시킬 계획을 가지고 있다. 그것은 너희가 상상도 해본 적 없는 회복이다. 그러니 그저 연명하는 삶의 자리에서 일어나 내가 그린 이 그림 위로 올라오라!" 주님은 그분의 꿈과 계획을 사랑하는 그분의 백성들과 나누고 싶어 하십니다.

사랑하는 성도 여러분, 주님이 주시는 그 꿈을 꾸기 바랍니다. 주님이 보여주시는 회복의 비전을 바라보기 바랍니다. 그래서 단 하루를 살아도 그저 연명하지 않고 주님의 비전을 위해 살 수 있기를 바랍니다. 주님이 주시는 생명력으로 기뻐하고 감격하고 벅차게 기대하며 또 하루를 살아갈 수 있기를 바랍니다. 주님의 꿈에 사로잡힌 백성이 되기를 축원합니다.

그럼 누가/무엇이 우리를 보호합니까?

이런 꿈 앞에서 이스라엘 백성이라면 당연히 떠오르는 중

대한 질문 하나가 있습니다. "성벽이 없다고? 그럼 누가, 무엇이 우리를 보호하지?" 성읍에 사람과 짐승이 많아 '성벽으로 다 두를 수 없다'고 했습니다. 그 말을 들은 스가랴의 마음은 마냥 좋지는 않습니다. 성벽이 없다는 것은 외부 공격으로부터 자신을 보호하는 가장 강력하고 효과적인 수단이 없다는 말이기 때문입니다.

이스라엘은 거대한 강대국의 틈바구니에서 수없이 침략을 당했습니다. 이스라엘이 예루살렘을 수도로 정한 것은 무엇보다 지형상 방어하기가 용이하기 때문이었습니다. 예루살렘의 지형은 삼면이 가파른 절벽이어서 한면만 잘 막으면 적이 쳐들어오기가 거의 불가능합니다. 그래서 도시의 이름마저 '평화의 도시'입니다. 철저하게 보호받을 수 있도록 요새화된 도시라는 뜻입니다. 그런 예루살렘에 성벽이 없다니요. 성벽 없는 예루살렘은 도무지 상상이 되지 않습니다. 성벽이 없으면 적의 공격을 어떻게 막아낸단 말입니까? 그때 하나님께서 말씀하십니다.

> 여호와의 말씀에 내가 불로 둘러싼 성곽이 되며 그 가운데에서 영광이 되리라(2:5).

하나님께서 친히 '불로 둘러싼 성곽'이 되어 그들을 지키겠다고 약속하십니다. '너희 안에 함께하며 너희를 지키는 영광의 불꽃이 되어주겠다'고 말씀하십니다. 이스라엘의 안전을 친히 지키시겠다는 약속입니다. 이것이 하나님께서 그분의 백성을 보호하시는 방법입니다. 돌로 된 성벽으로 지키는 것이 아니라 그분이 직접 보호물이 되어 백성들을 두르고 보호자로 그들 곁에 머물겠다고 약속하십니다.

문제는 우리가 그것을 못 미더워한다는 데 있습니다. 우리는 여전히 눈에 보이는 성벽이 더 필요한 사람들입니다. 당시에 성벽 없이 친히 지켜주시겠다는 말씀을 들은 이스라엘 백성이라면 표정이 그리 좋지 않았을 것 같습니다. 왜일까요? 지켜주겠다고 약속하신 하나님은 눈에 보이지 않는 분이니 불안감을 떨칠 수 없습니다. 반면에 높은 성벽은 볼 때마다 얼마나 든든하겠습니까? 외적이 쳐들어와도 그 뒤에 숨으면 끄떡없을 것 같습니다.

하나님의 보호 약속도 필요하지만 눈에 보이는 성벽도 필요하다고 생각하는 것이 우리의 마음입니다. 우리는 안정된 직장을 다니고 싶습니다. 조건에 맞는 사람과 결혼해 안정된 가정을 꾸리고 싶습니다. 보험은 많이 들수록 좋습니다. 은행 계좌에 잔고가 두둑하기를 바랍니다. 자녀를 통해 안정된 미래를 보장받고 싶습니다. 충분한 자산을 확보해놓고 싶습니다. 눈에 보이는 성벽, 즉 안전장치를 겹겹이 두르고 그 뒤에서 자신의 안전을 확인받고 싶습니다. 그런 우리를 향해 하나님은 질문하십니다. "너를 지키는 것은 눈에 보이는 돌 성벽이냐, 보이지 않는 불 성벽 곧 나의 보호냐?"

저는 지금 안전한 삶을 위해 수고할 필요가 없다고 말씀드리는 것이 아닙니다. 열심히 납부해온 청약통장이나 보험을 해지하라는 뜻이 아닙니다. 미래를 대비하는 일들이 잘못되었다고 말하는 것이 아닙니다. 하나님의 질문은 좀 더 근본적입니다. "네가 진정으로 의지하는 것은 누구냐? 진정으로 너를 보호하는 것은 무엇이냐?" 우리는 오직 하나님께만 궁극적으로 의지하고 보호를 기대할 수 있습니다. 그런 하나님께서 나와 함께하시고 나를 지켜주심을 확신해야 한다는 말씀입니다. '불로 둘러싼 성곽이 되어주신다'는 것은 그분이 두르신 불 성벽을 믿고, 그분이 재건하신 도시에서 함께하자는 초청입니다.

우리는 스스로를 보호할 수 없습니다. 천혜의 요새였던 예루살렘이 바벨론에게 완전히 멸망당한 것을 보지 않았습니까? 이후에 다시 쌓은 성벽들도 무너져내렸습니다. 돌로 된 성벽이 우리를 궁극적으로 지켜줄 수 없습니다. 우리를 완벽하게 지킬 수 있는 분은 하나님밖에 없습니다. 하나님께서 친히 불 성벽이 되어주실 때 우리는 진정한 안전을 누릴 수 있습니다. 그러니 하나님의 품으로 피하십시오. 하나님을 삶의 보호자로 초청하십시오. 불 성벽이 되어 우리를 모든 외적으로부터 지키시는 그분을 바라보십시오. 하나님께서 우리를 지켜주십니다.

측량줄을 잡은 이가 세우는 새 예루살렘 성

측량줄을 잡은 사람의 환상은 단지 재건된 예루살렘 성에서 일어나는 일만 보여주는 것일까요? 그렇지 않습니다. 역사 속에서 예루살렘 성은 또 무너지고 파괴되었습니다. 그러면 '측량줄을 잡은 사람'이 새로운 성을 건축한다는 것은 무엇을 의미할까요?

예루살렘뿐만 아니라 온 우주의 기초를 다시 세우는 공사가 예루살렘에서 시작될 것입니다. 그리스도가 끊임없이 무너지는 인간들, 어떤 성벽을 쌓아올려도 죄로 인해 무너지고 마는 인간들을 살리기 위해 십자가를 지는 대사역을 벌이실 것입니다. 인간의 몸을 입으신 그리스도가 친히 측량줄을 잡고 계획한 대로 예루살렘에 가셨습니다. 그리고 십자가에 달려 죽으셨습니다. 예루살렘의 땅을 파는 정도가 아니라 자신의 몸을 바쳐 불로 된 성벽을 세우셨습니다. 성령의 불이 내려와 이 땅의 성도와 교회가 하나님의 영광을 바라볼 수 있게 하셨습니다.

그리스도가 하시는 공사는 땅을 파서 건물을 세우는 것이 아닙니다. 하나님의 나라는 그런 공사로 세울 수 없습니다. 하나님 나라를 세우려면 죄의 벽부터 허물고 그 자리에서 공사를 시작해야 합니다. 그래서 온 세상의 죄를 허물고 하나님의 나라를 다시 짓기 위해 그리스도가 세상에 와서 자신의 몸을 내어놓으셨습니다.

신성을 지니신 분이 우리 죄를 위해 죽자 어떤 일이 일어났습니까? 하늘의 성령이 육체 위에 물 붓듯이 부어졌습니다. 오순절날 예루살렘에서 그리스도의 제자들이 성령을 받고, 그로 인해 하나님의 나라가 번지기 시작했습니다. 사람들은 더 이상 예루살렘에 갇혀 있을 수 없었습니다. 성령이 들불처럼 번지면서 복음을 가진 백성들이 예루살렘을 뛰쳐나가기 시작했습니다. 이것은 무엇을 의미합니까? 성벽이 무너진 것입니다. 하나님의 나라가 더 이상 예루살렘 성 안에 갇혀 있을 수 없어 성벽을 넘어 번져나갔습니다. 본문은 바로 이런 모습을 예견하고 있습니다.

본문에서 예루살렘은 그리스도의 교회를 말하며 교회도 더 이상 성벽에 둘러싸여 있을 수 없습니다. 지금 이스라엘 백성들은 성전을 지으면서 그 초라한 모습에 실망하지만 성전 건물 자체가 중요한 게 아닙니다. 이 성전은 신약 교회의 모체로서 매우 중요한 의미를 갖습니다. 그들은 장차 이 작은 공동체에 성령이 부어질 것을 소망해야 했습니다. 성령이 부어져 전 세계에 하나님의 나라가 누룩처럼, 들불처럼 번져나가는 모습을 이 성전을 통해 볼 수 있어야 했습니다.

하나님께서 우리에게 간절히 기대하시는 것이 무엇일까요? 오늘 본문이 우리에게 전하는 말씀은 무엇일까요? 하나님께서는 우리를 통해 성령의 불이 번져나가기를 원하십니다. 측량줄을 잡은 이, 모든 대권을 가진 그분이 이 땅에 오셔서 한 일은 성령의 불을 지피는 것이었습니다. "내가 장차 한 일을 하겠다. 그것은 하나님의 나라를 세우는 것이다." 하나님의 나라를 세우기 위해 성령의 불을 지피는 것입니다.

우리에게 성령의 불이 있음을 알지 못하는 것보다 비참한 일은 없습니다. 성령의 불이 없는 교회! 그것은 아무것도 아닙니다. 사교클럽 이상의 의미가 없습니다. 성령의 불이 빠진 신앙생활! 그것은 신앙생활이 아니라 취미생활일 뿐입니다. 성령의 불이 없는 사람은 굳어 있습니다. 형식적이고 그 안에서 뜨거움을 찾아볼 수 없습니다. 성령이 나를 사로잡고 사용하시는 데서 하나님의 나라는 시작됩니다. 측량줄을 잡으신 이의 계획이 그것입니다. "나는 너희를 통해 성령의 불이 번져나가기를 기대한다!"

교회가 무슨 일을 많이 한다고 해서 교회다워지는 것이 아닙니다. 우리가 어떤 일을 많이 한다고 해서 하나님의 백성다워지는 것도 아닙니다. 성령이 우리를 사로잡아야 합니다. 우리 안에 성령의 불이 있어야 합니다. 그 불이 우리를 넘어 번져가야 합니다.

하나님은 그런 사람들을 반드시 지키겠다고 말씀하십니다. 눈에 보이는 성벽은 없지만 하나님께서 직접 불 성벽이 되어주겠다고 말씀하십니다. 말씀을 붙들고 성령의 감동을 받은 공동체의 한 사람 한 사람을 위한 불 성벽이 되어주십니다. 그런 사람은 안전합니다. 성령의 감동을 받은 공동체! 성령의 감동을 받은 한 사람 한 사람! 하나님께서 그들에게 성벽이 되어주십니다. 그러니 그들은 안전합니다. 내로라하는 직장이 없어도, 번듯한 집이 없어도 말씀을 붙들고 있고 그 안에 성령의 감동이 있는 사람은 걱정할 게 없습니다. 하나님께서 그의 불 성벽이 되어주시기 때문입니다. 눈에 보이는 것에 의지해 살지 맙시다. 눈에 보이는 성벽이 우리를 지켜주지 않습니다. 그런 성벽은 측량줄을 잡고 있는 이가 마음을 바꾸면 하루아침에라도 없어집니다. 하나님께서 친히 보이지 않는 불 성벽이 되어주시는 것, 우리는 그것을 믿어야 합니다.

5
옷을 갈아입은 대제사장

(슥 3:1-10)

천상의 재판정 방청석에서

우리는 지금 스가랴가 본 환상들에 대해 하나씩 나누고 있습니다. 각각의 환상에 담긴 놀라운 의미를 상세히 설명하지 못하는 아쉬움이 있기는 하지만 지금 숲을 보듯 전체를 관통하는 예수 그리스도의 메시지를 드러내는 데 중점을 두고 있습니다. 오늘 본문만 보아도 그렇습니다. 스가랴가 본 이 네 번째 환상을 가리켜 종교개혁가 마르틴 루터는 '구약에 나타난 복음'이라고 말했습니다.

우리는 흔히 구약은 율법이고 신약은 복음이라고 이분법적으로 생각합니다. 그러나 절대 그렇지 않습니다. 구약도 복음이고 신약도 복음입니다. 다만 구약은 '아직 드러나지 않은 복음'일 뿐입니다. 감추어져 있던 이것이 예수님께서 오심으로 드러났습니다. 구약의 사건과 말들은 예수님을 통해서 보면 복음이 선명하게 드러나는 경우가 많습니다. 신약도 구약도 복음이신 예수 그리스도를 증거합니다. 스가랴 3장의 환상은 구약의 '감추어진 복음'이 무엇인지 가장 잘 보여주고 있습니다. 왜 그런지 정리해보겠습니다.

> 대제사장 여호수아는 여호와의 천사 앞에 섰고 사탄은 그의 오른쪽에 서서 그를 대적하는 것을 여호와께서 내게 보이시니라(3:1).

스가랴의 눈앞에 새로운 환상이 열렸습니다. 하늘에서 진행되는 재판의 실황 중계입니다. 돌아온 이스라엘 백성을 독려하며 성전 재건에 앞장선 당시 대제사장 여호수아가 피고석에 앉아 있습니다. 피고석 옆에는 '여호와의 천사'가 서 있고, 피고석과 조금 떨어진 오른쪽에는 사탄이 자리하고 있습니다. 피고석 앞에는 여호와께서 앉아 계십니다. 스가랴는 하늘에서 일어난 이 모든 재판 과정을 방청석에서 지켜봅니다. 이 재판 장면은 스가랴와 이스라엘 백성에게 무엇을 보여주려는 것일까요? 이 재판을 통해 이스라엘 백성은 어떤 마음을 품을 수 있을까요?

포로지에서 돌아온 이스라엘 백성, 그리고 성전을 재건하기 시작한 이스라엘 백성 가운데 일부가 당시 종교 지도자이자 대제사장인 여호수아의 리더십에 이의를 제기했기 때문에 이 환상이 주어졌다고 추론하는 학자들이 있습니다. 성전을 재건하고 나면 거기서 제사를 드려야 할 텐데 이방 땅인 바벨론에서 태어난 여호수아가 과연 이스라엘을 대표해 하나님 앞에 설 수 있는지 의구심을 드러낸 사람들이 있었던 것입니다. 어쩌면 당연한 의구심입니다. 이런 상황에서 스가랴가 대제사장 여호수아의 흔들리는 리더십을 붙들어줄 목적으로 이 환상을 기록했다는 것입니다. 사실 그런 해석도 개연성은 있습니다. 성전이 완공되기까지 이스라엘의 영적 리더십이 분명하게 세워지지 않고 흔들리면 이후로 종교개혁이 어렵기 때문입니다.

그러나 오늘 본문은 그 정도의 의미를 넘어섭니다. 여기서 우리는 성경의 핵심, 즉 복음의 요약을 찾아볼 수 있습니다. 루터가 왜 네 번째 환상을 가리켜 '구약에 담긴 복음'이라고 말했는지 충분히 납득되는 대목입니다. 이 환상은 훨씬 더 본질적인 메시지를 품고 있습니다.

오늘 본문을 보면서 스가랴가 이 환상을 어느 자리에서 보고 들었는지 유념하기 바랍니다. 저는 처음 이 환상을 대하면서 여호수아나 구약의 이스라엘 백성을 피고석에 앉혀놓고, 저는 방청석에 앉아 호기심 가득한 눈으로 재판을 구경하려 했습니다. 그런데 말씀을 읽을수록 제 자리가 방청석이 아니라는 것을 알 수 있었습니다. 여러분의 자리도 안전한 '방청석'이 아닙니다.

피고석에 앉아 있는 대제사장 여호수아는 지금 개인이 아니라 이스라엘의 대표로 거기에 있습니다. 그는 구약 시대 하나님의 백성을 대표하는 인물이고, 좀 더 확장하면 신약 시대 하나님 나라의 백성인 우리의 대표도 됩니다. 즉 피고석에 우리가 앉아 있다는 뜻입니다. 그렇다면 이 재판과 판결은 우리에 관한 사안이고, 그 결과는 우리의 영원한 생명과 직결됩니다. 그러니 우리는 간절한 마음으로 재판 결과가 피고인 여호수아에게 좋게 나오기만을 바랄 처지입니다.

과연 이 재판은 어떻게 진행될까요? 우리는 어떤 판결을 받게 될까요?

부끄러운 피고: 대제사장 여호수아

2절과 3절은 피고석에 앉아 있는 여호수아의 모습을 설명합니다.

> ² 여호와께서 사탄에게 이르시되 사탄아 여호와께서 너를 책망하노라 예루살렘을 택한 여호와께서 너를 책망하노라 이는 불에서 꺼낸 그슬린 나무가 아니냐 하실 때에 ³ 여호수아가 더러운 옷을 입고 천사 앞에 서 있는지라(3:2-3).

여호수아는 마치 '불에서 꺼낸 그슬린 나무'와 같은 모습입니다. 게다가 그는 '더러운 옷'을 입고 있습니다. 피고석에 앉은 자는 최대한 단정하고 깨끗한 차림이어야 합니다. 그래야 재판정에서 자신의 무고함을 주장할 때 신뢰성을 더할 수 있기 때문입니다. 그런데 여호수아의 모습은 한눈에 보아도 죄인입니다. 불에서 겨우 빠져나온 티가 물씬 풍깁니다. 여기서 '더러운 옷'이란 그저 때가 탄 정도가 아니라 사람의 배설물이나 짐승의 부정한 피나 기름으로 오염된 것을 의미합니다. 그래서 새번역 성경은 '냄새나는 더러운'이라는 수식어를 쓰고 있습니다. 그가 방금 전까지 더러운 곳에 있었음을 증명하는 냄새입니다. 오래전에 묻은 더러움이 아니라 피고석에 앉기까지 줄곧 죄를 저질러 더럽다는 뜻입니다. 누가 보아도 여호수아는 죄를 짓다가 현장에서 붙들려온 현행범입니다. 무죄로 풀려날 가능성이 전혀 없어 보이는 죄인입니다. 적어도 성전에서 하나님께 제사를 드릴 대제사장 자격이 없는 자입니다.

저는 피고석에 앉아 있는 자가 대제사장 여호수아가 아니라 바로 우리 자신이라고 생각해야 본문의 정확한 의미를 알 수 있다고 말씀드렸습니다. 바로 우리가 본문에서 말하는 불에서 꺼낸 그슬린 나무이고, 냄새나는 더러운 옷을 입은 자이며, 죄를 짓다가 붙들려온 현행범입니다. 스가랴의 네 번째 환상은 우리 인간의 본성이 어떠한지를 말하고 있습니다. 이스라엘이 지금 성전을 짓고 있다고 해서, 우리가 지금 무슨 일인가를 하고 있다고 해서 대단한 존재가 된 것이 아닙니다. 성전 짓는 일이 우리를 깨끗하게 만들지 못합니다.

끊임없이 죄를 짓던 유다 왕국의 백성들은 결국 바벨론에 포로로 끌려갔습니다. 그들은 하나님 앞에서 본질상 더러운 존재였습니다. 그러면 70년 포로생활이 끝나고 나서 그들의 본질이 달라졌을까요? 아니요. 70년 포로생활도 그들의 본질을 바꿔놓지 못했습니다. 스가랴 1장에 나오는 이스라엘을 향한 하나님의 명령이 그 점을 증명합니다. "너희는 내게로 돌아오라!" 백성들은 몸은 돌아왔지만 마음은 아직 돌아오지 않았습니다. 하나님은 그 점을 마음 아파하셨습니다. 그들은 자기 생활하기에 바빠서 하나님의 백성답게 살지 못했습니다. 하나님을 영화롭게 하지 않았고 감사하지 않았으며 순종하지도 않았습니다. 무엇보다 하나님을 사랑하지 않았습니다.

우리가 이전에, 즉 '그리스도를 영접하기 전'에 어떤 자들이었는지 기억하는 것은 너무나 중요합니다. 우리는 하나님께 의미 있는 자들이 전혀 아니었습니다. 불에서 꺼낸 나무토막처럼 아무짝에도 쓸모없는 자들이었습니다. 냄새나는 더러운 옷을 입은 자들이었습니다. 자신에게 그런 냄새가 난다는 사실조차 모르는 자들이었습니다. 우리는 하나님의 진노 아래 있었고, 그 진노로 철저하게 심판 받아 마땅한 인생이었습니다. 그것이 그리스도 없는 인간의 모습이고 우리의 본질입니다.

날카로운 검사: 사탄

그런데 인간의 문제는 그것만이 아니었습니다.

> 대제사장 여호수아는 여호와의 천사 앞에 섰고 사탄은 그의 오른쪽에 서서 그를 대적하는 것을 여호와께서 내게 보이시니라(3:1).

검사 자리에 사탄이 있습니다. 사탄은 검사 역할을 아주 충실하게 행하고 있습니다. "그의 오른쪽에 서서 그를 대적하는 것"이 사탄이 하는 일입니다. 피고가 죄인임을 증명하고 죄에 적절한 구형을 내리는 것이 그가 하는 일입니다. 사탄은 여호수아의 오른쪽에 서서 그가 얼마나 죄인인지를 증명하고 있습니다. 얼마나 더러운 자인지, 얼마나 쓸모없는 자인지, 얼마나 하나님께 예배드리기에 부적합한 자인지 증명하는 말을 쏟아놓습니다.

아마 이렇게 고발하지 않았을까요? "하나님, 이 자의 냄새나는 더러운 옷을 보십시오. 이 자가 속한 백성들은 지난 수백 년 동안 하나님의 말씀을 어기고 제멋대로 살다가 결국 바벨론에 포로로 끌려갔습니다. 그나마 하나님께서 은혜를 베풀어 70년이 지나 고향땅으로 돌아왔는데도 하는 짓 좀 보십시오! 여전히 더럽습니다. 무언가를 해보겠다고 꿈지럭거리지만 속은 썩은 채 그대로입니다. 이들은 불에서 꺼낸 나무토막 같아 아무짝에도 쓸모가 없습니다. 여전히 욕심대로 살고 있습니다. 여전히 자기 인생의 왕이 되어 살아갑니다. 공의로우신 재판장님, 이들은 용서할 필요가 없는 자들입니다. 이들은 유죄입니다. 이들의 더러움에 적절한 벌을 내려주십시오."

스가랴가 이 광경을 보면서 얼마나 절망했을까요? 얼마나 가슴 아팠을까요? 아마 모든 것이 끝났다고 생각했을 것입니다. 피고석에 앉아 있는 자는 여호수아가 아니라 바로 이스라엘이고 우리입니다.

사랑하는 성도 여러분, 솔직하게 자문해보십시오. 지금 사탄이 틀린 말을 하고 있습니까? 우리는 죄에 오염된 옷을 입고 있지 않습니까? 우리는 정말 하나님의 나라에 요긴한 사람들입니까? 하나님께서 보시기에 이전보다 많이 깨끗해졌습니까? 사탄이 지금 서 있는 자리는 공의로우신 하나님 앞입니다. 사탄은 지금 거짓말을 하는 것이 아니라 우리의 죄를 하나하나 드러내며 고발하고 있습니다.

사탄에게 죄를 열거당한 경험이 있습니까? 저는 사탄의

참소를 당해본 적이 있습니다. 사탄이 제 안에 있는 죄들을 죄다 끄집어내어 고소하니 하나님과 사람들 앞에서 얼굴을 들 수 없었습니다. '나 같은 사람이 무슨 목사이고 성도냐' 하는 생각이 절로 들었습니다. 거짓말이면 좋겠지만 사탄은 어쩌면 그렇게 제가 했던 생각과 일들을 정확히 들춰내던지요. 예수님을 '믿기 전'도 아니고 '믿은 후'에 지은 죄를 말입니다. 사탄은 합당해 보이는 근거를 대며 우리를 고소합니다. "하나님, 이 자는 용서할 필요가 없는 인간입니다. 이 자는 하나님의 나라에 아무런 도움이 되지 않습니다. 차라리 없는 편이 낫습니다. 이 자는 유죄입니다." 사탄의 유죄 선언에 피고석에 앉은 저는 고개를 끄덕이지 않을 수 없었습니다. 그의 말에 틀린 구석이 하나도 없었기 때문입니다.

이상한 재판장: 성부 하나님

재판을 해볼 것도 없습니다. 사탄의 고소는 너무나 예리해서 비켜갈 수 없습니다. 틀린 말을 찾고 싶은데 찾을 수 없습니다. "당신은 유죄"라는 말에 자신도 모르게 고개를 끄덕이게 됩니다. 재판이 빨리 끝나고 그냥 벌을 받고 싶다는 생각마저 듭니다. 그런데 재판이 피고가 생각했던 대로 진행되지 않습니다.

> 여호와께서 사탄에게 이르시되 사탄아 여호와께서 너를 책망하노라 예루살렘을 택한 여호와께서 너를 책망하노라 이는 불에서 꺼낸 그슬린 나무가 아니냐 하실 때에(3:2).

이번에는 재판장이신 여호와께서 입을 열어 책망하십니다. 그런데 그 대상이 피고석의 대제사장 여호수아가 아니라 피고 오른쪽에 서서 열심히 피고의 죄를 열거하며 고소하던 사탄입니다. 하나님께서 지금 사탄을 책망하십니다. 2절을 보면 "너를 책망하노라"는 말이 두 번이나 연거푸 나옵니다. 왜 반복되는 것일까요? 사탄이 하나님의 책망을 자신을 향한 것으로 받아들이지 못했기 때문입니다.

사탄은 대제사장 여호수아의 냄새나는 더러운 옷을 보고 있습니다. 피고의 수많은 죄목을 들고 있습니다. 사탄이 보기에 재판장이 대제사장 여호수아에게 유죄 선언을 할 것이 너무나 명백합니다. 그는 이 재판에서 이길 것이라고 확신했습니다. 그런데 정말 의외의 판결이 나옵니다. "사탄아, 너를 책망하노라!" 사탄은 재판장의 말이 헛나왔거나 자기 뒤에 다른 누가 있나 하며 돌아보았을 것입니다. 그래서 재판장은 다시 말합니다. "너, 너 말이다. 사탄 네가 문제다!" 열심히 조사한 자료와 사실을 근거로 기소장을 읽고 있던 검사에게 재판장이 한 말입니다. 재판장은 여기서 한 걸음 더 나아갑니다.

> ⁴ 여호와께서 자기 앞에 선 자들에게 명령하사 그 더러운 옷을 벗기라 하시고 또 여호수아에게 이르시되 내가 네 죄악을 제거하여 버렸으니 네게 아름다운 옷을 입히리라 하시기로 ⁵ 내가 말하되 정결한 관을 그의 머리에 씌우소서 하매 곧 정결한 관을 그 머리에 씌우며 옷을 입히고 여호와의 천사는 곁에 섰더라(3:4-5).

재판장이신 하나님께서 천사들에게 명령하십니다. "여호수아가 입고 있는 더러운 옷을 벗기라." 그리고 여호수아에게 말씀하십니다. "내가 네 죄악을 제거하여 버렸으니 네게 아름다운 옷을 입히리라." 스가랴는 그 선언을 듣고 말합니다. "정결한 관을 그의 머리에 씌우소서." 마침내 대제사장은 아름다운 옷을 입고 정결한 관을 쓴 채 피고석에서 일어납니다.

재판장이신 하나님은 단호히 선언하십니다. "내가 네 죄악을 제거하여 버렸다." 이는 대제사장에게 죄가 없다는 것이 아니라 하나님께서 그의 죄를 제거하셨다는 말씀입니다. 여기서 '제거하여 버렸다'로 번역된 원어는 히브리어 '아바르'입니다. '아바르'는 출애굽 때 마지막 열 번째로 닥친 재앙, 즉 유월절 장자의 죽음이 일어났을 때 사용된 단어입니다. 양의 피를 바른 집은 죽음의 천사가 넘어갔는데, 넘어감을 의미하는 단어가 '아바르'입니다. 여호수아는 죄가 있습니다. 이스라엘도 죄가 있습니다. 우리도 하나님의 영원한 심판을 받아 마땅한 죄가 있습니다. 그런데 무슨 이유에선지 하나님께서 여호수아의 죄를, 이스라엘의 죄를, 그리고 우리의 죄를 묻지 않고 '넘어가신' 것입니다.

사탄은 놀라서 더 이상 말을 잇지 못합니다. 그의 눈에 하나님은 더 이상 공의로워 보이지 않습니다. 정의로 심판해야 하는 분이 정의를 버리신 것 같습니다. 더러운 자는 하나님 앞에 서면 죽어야 합니다. 죄인은 거룩하신 하나님 앞에서 반드시 벌을 받아야 합니다. 죄의 삯은 사망입니다. 이들은 죄를 해결하지 못했습니다. 수많은 기회가 있었음에도 불구하고 여전히 죄 가운데 있습니다. 그러니 파멸되어야 마땅합니다.

그런데 하나님께서 이들의 죄악을 제거하십니다. 냄새 나는 더러운 옷을 벗기십니다. 그뿐만 아니라 아름다운 옷을 가져다가 입히십니다. 머리에는 '정결한 관'이라는 왕관까지 씌워주십니다. 죄를 짓다가 현장에서 붙들린 자를 '왕의 아들'로 받아들이신 것입니다. 죄인을 양자로 삼으신 것입니다.

사랑하는 성도 여러분, 우리가 바로 그 피고석에 앉아 있는 자들이었습니다. 자신의 힘과 의로는 도무지 하나님의 영광에 다가갈 수 없는 자들이었습니다. 불에서 꺼낸 그슬린 나무토막 같고, 냄새나는 더러운 옷을 입은 자들이었습니다. 도무지 하나님께서 사용하실 만한 구석이라곤 없는 우리였습니다. 사탄의 참소가 다 맞습니다. 우리는 딱 그런 대우를 받아야 했습니다. 그런데 하나님께서 죄에 오염된 우리의 옷을 벗기고 그분의 의로 아름다운 옷을 입혀주셨습니다. 깨끗한 왕관을 씌워 그분의 아들로 삼아주셨습니다. 할렐루야!

우리는 수많은 죄를 지었고 지금도 짓고 있고 앞으로도 죄에서 완전히 자유롭지 못할 것입니다. 우리에게 따라붙는 '거룩한 무리', 즉 성도라는 호칭이 늘 부끄럽습니다. 하나님을 '아버지'라고 부르는 것이 늘 부끄럽습니다. 그러나 우리는 받아들여야 합니다. 재판장이신 하나님께서 우리의 죄를 사하시고, 더러운 옷을 벗기고 아름다운 옷을 입히시고 왕관을 씌워주시며 우리를 자녀로 삼으셨다는 '사실'을 말입니다. 모든 죄에 상응하는 형벌이 우리를 '넘어갔다'는 것을 말입니다. 이 놀라운 은혜를 깨달은 바울은 이렇게 하나님을 찬양합니다.

> ³³ 누가 능히 하나님께서 택하신 자들을 고발하리요 의롭다 하신 이는 하나님이시니 ³⁴ 누가 정죄하리요…(롬 8:33-34).

사탄은 더 이상 우리를 고발할 수 없습니다. 왜일까요? 하나님께서 우리를 의롭다고 하심으로 우리가 칭의를 받았기 때문입니다. 이제 아무도 우리를 정죄할 수 없습니다. 우리는 성도, 즉 거룩한 백성이며 그분의 자녀들입니다. 이것은 우리의 주장이 아니라 재판장이신 하나님께서 직접 선언하신 바입니다. 우리는 이 진리를 붙들어야 합니다.

감춰진 변호인: 성자 하나님 예수 그리스도

사실 재판정에서 일어난 이 일은 도무지 일어날 수 없는 사건입니다. 무엇보다 재판장이신 하나님께서 그분의 속성에 어긋난 일을 하신 것처럼 보입니다. 하나님께서 우리의 죄를 '그냥' 용서하신다는 것은 있을 수 없는 일입니다. 그것은 하나님의 속성 중 하나인 '공의'에 명백히 어긋나는 일이기 때문입니다.

인간은 분명 죄로 오염되어 있습니다. 공의로운 하나님은 죄를 허용할 수 없는 분이시고요. 그러므로 죄인인 인간이 하나님의 심판을 받는 것이 마땅합니다. 적어도 이 부분에서 사탄이 하는 말은 틀린 점이 하나도 없습니다. 그런데 하나님께서 그런 인간을 심판하기는커녕 자녀로 삼으신다니 말이 됩니까?

하나님께서 인간을 너무나 사랑해 더러운 죄의 옷을 입고 있는 인간을 그냥 용서하기로 하신 것일까요? 그런데 하나님은 온 우주를 다스리시는 분입니다. 그래서 그분의 원칙인 공의를 지키는 것이 매우 중요합니다. 원칙 없이 기분 내키는 대로 재판하고 세상을 통치한다면 누가 하나님의 통치와 재판을 신뢰할 수 있을까요? 그러므로 세상이 없어지는 한이 있더라도 하나님의 공의는 반드시 지켜져야 합니다.

그런데 이 사건에서 우리가 알아야 할 것이 하나 있습니다. 하나님은 공의를 포기하신 적이 없다는 것입니다.

> 대제사장 여호수아야 너와 네 앞에 앉은 네 동료들은 내 말을 들을 것이니라 이들은 예표의 사람들이라 내가 내 종 싹을 나게 하리라(3:8).

여기에 쓰인 '예표'(모펫)는 일회성 기적이나 사건이 아니라 더 큰 의미를 함축하거나 다가올 일의 징조를 의미합니다. 즉 본문의 환상은 단순히 이스라엘의 한 종교 지도자가 용서받고 회복되는 사건을 보여주는 것이 아니라 장차 일어날 더 크고 놀라운 사건의 '징조'라는 말입니다. 그렇다면 이 사건은 무엇을 예표할까요?

성경은 이 사건이 무엇을 예표하는지, 무엇이 '공의로워 보이지 않는 용서'를 가능하게 한 것인지 보여줍니다. "내 종 싹을 나게 하리라." 이것이 하나님의 궁극적인 계획이었습니다. "싹(개역한글 성경에서는 '순')이라고 부르는 내 종이 나와 이 모든 일을 가능하게 하리라!" '싹'은 하나님께서 보내실 메시아, 하나님의 아들 예수 그리스도의 별명이기도 합니다. 스가랴가 태어나기 약 200년 전에 이사야 선지자는 장차 오실 메시아를 가리켜 '싹'(순)이라고 불렀습니다.

² 그는 주 앞에서 자라나기를 연한 순 같고 마른 땅에서 나온 뿌리 같아서 고운 모양도 없고 풍채도 없은즉 우리가 보기에 흠모할 만한 아름다운 것이 없도다 … ⁵ 그가 찔림은 우리의 허물 때문이요 그가 상함은 우리의 죄악 때문이라 그가 징계를 받으므로 우리는 평화를 누리고 그가 채찍에 맞으므로 우리는 나음을 받았도다 ⁶ 우리는 다 양 같아서 그릇 행하여 각기 제 길로 갔거늘 여호와께서는 우리 모두의 죄악을 그에게 담당시키셨도다(사 53:2, 5-6).

이 말씀은 우리를 대신해 '고난 당하는 종'에 관한 이사야 선지자의 유명한 예언입니다. 우리를 위해 찔리고 맞고 상하고 죽임 당하는 하나님의 종에 대한 말씀입니다. 그는 우리의 모든 죄악을 담당하고, 우리를 향한 모든 형벌을 자신의 몸과 마음과 영혼으로 감당하신 하나님의 아들입니다. 그런 분의 이름을 스가랴는 연한 순, 즉 새싹으로 소개하고 있습니다. 여호수아가 용서받을 수 있음을 스가랴가 어떻게 정확히 알았는지 모르겠습니다. 아마도 하나님의 인도하심으로 이 용서가 죄의 형벌을 대신 당하는 이를 통해서만 가능함을 알았을 것으로 보입니다. 죄인이 용서 받으려면 용서에 비견할 만한 큰 대가가 따른다는 것을 알았을 테지요. 하나님께서 보내시는 어떤 이를 통해 엄청난 일이 일어날 텐데, 그로 인해 우리가 죄사함을 받게 됨을 스가랴가 본 것입니다.

오늘 스가랴가 우리에게 보여주는 네 번째 환상, 즉 더러운 옷을 입은 대제사장의 재판 장면을 보십시오. 피고석에 대제사장 여호수아가 있습니다. 오른쪽에 검사인 사탄이 있습니다. 정면에 재판장이신 하나님이 계십니다. 방청석에서 이 모든 것을 보고 있는 스가랴가 있습니다. 그런데 이 재판정에서 꼭 필요한 누군가가 빠져 있다는 생각이 들지 않습니까? 피고, 검사, 재판장, 심지어 방청객까지 있는데 변호사는 보이지 않습니다. 정말 변호사가 없는 걸까요?

그렇지 않습니다. 이제껏 말없이 피고 대제사장 여호수아 옆에 있는 서 있던 이가 있습니다. "여호수아는 여호와의 천사 앞에 섰고"(3:1). "여호와의 천사는 곁에 섰더라"(3:5). 여호와의 천사는 처음부터 이 재판정에 들어와 있었습니다. 그는 사탄이 참소하는 내용을 모두 들었습니다. 그러나 아무 말도 하지 않았습니다. 피고가 그 죄를 지은 것이 맞기 때문입니다. 그는 말로 변호하지 않습니다. 다만 피고의 죄를 대신 뒤집어쓰기로 합니다. 피고의 더러운 옷을 대신 입기로 합니다. 자신이 이제껏 입고 있던 아름다운 옷을 벗어주기로 합니다. 그는 누구입니까? 우리의 죄를 짊어지고 우리 대신 형벌을 받기로 선택하신 우리의 변호사, 즉 보혜사 되신 성자 하나님입니다.

하나님께서 스가랴의 환상을 통해 보여주시고 싶은 핵심이 이것입니다. 대제사장 재판의 엉뚱한 결과를 통해 보혜사 되신 성자 하나님을 예표하고 싶으셨던 것입니다. "내 종 싹을 나게 하리라." 그가 오심으로 이 모든 일을 가능케 하는 것이지요. 이것은 사탄의 예측을 깨고 우리 인간의 예측도 모두 뒤집어버린 일입니다.

성자 하나님이신 예수 그리스도는 이 땅에 와서 무슨 일을 하셨습니까? 하나님의 백성이 입고 있던 더러운 옷을 벗기고 그것을 대신 입으셨습니다. 그리고 자신이 입고 있던 아들의 옷, 영광스러운 신분을 상징하는 의의 옷을 벗어 우리에게 입혀주셨습니다. 죄 없는 분이 우리를 대신해 우리 죄 때문에 상하고 찔리고 고통당하고 죽임을 당하셨습니다. 그것이 바로 십자가에서 그분과 우리에게 일어난 일입니다.

복음에 반응해야 하는 우리

이제 우리는 '코람데오'의 삶을 살아야 합니다. 하나님 앞에 있는 자신을 의식하며 살아야 합니다. "내 도를 행하며 내 규례를 지키라"(3:7). 이것은 일차적으로 여호와의 천사가 대제사장 여호수아에게 한 말씀이지만, 사실은 의의 옷을 입게 된 모든 하나님의 백성에게 동일하게 요구하시는 말씀이기도 합니다.

하나님께서 의의 옷을 입게 된 백성들에게 무엇을 요구하십니까? 죽을 힘을 다해 죄와 싸우기를 요구하십니다. 우리가 용서 받고 의의 옷을 입는 것으로 이야기가 끝나지 않습니다. 이제 우리 앞에 전투가 기다리고 있습니다.

그 말씀에 순종하는 이에게 하나님께서는 세 가지 특권을 약속하십니다. 첫째, "네가 내 집을 다스릴 것이요"(3:7). 여기서 '다스린다'는 것은 정치적 다스림이 아니라 영적 영향력을 말합니다. 하나님께서는 공부 많이 한 사람, 돈 많은 사람보다는 죄와 싸우는 사람, 거룩하기 위해 몸부림치는 사람을 통해 하나님의 나라를 끌어가십니다. 이것이 경건의 비밀입니다. 하나님께서는 오직 경건의 비밀을 가진 사람들과 상의하십니다. 그런 사람들이 하나님의 집을 다스럽니다.

둘째, "내 뜰을 지킬 것이며"(3:7). 여기서 내 뜰은 성전의 뜰을 말합니다. 성전의 뜰을 지킨다는 것은 이방인에게서 성전을 지킨다는 뜻입니다. 하나님의 성전은 그분의 거룩하심과 임재를 의미합니다. 다시 말해 죄에 맞서 싸우는 사람들이 있는 한 하나님의 거룩하심과 영광과 임재가 떠나지 않는다는 말씀입니다. 죄와 싸우는 사람들이 하나님의 임재를 지킵니다. 그런 사람들이 있는 곳에서는 하나님의 영광이 떠나지 않습니다.

셋째, "너로 여기 섰는 자들 가운데에 왕래하게 하리라"(3:7). 정말 놀라운 말씀입니다. 여기 섰는 자들이란 천사들을 말합니다. 죄와 싸우고 거룩함을 위해 몸부림치는 사람들은 천사들 사이를 왕래하면서 언제든 하나님 앞에 나아와 하나님을 만날 수 있게 하시겠다는 약속입니다.

사랑하는 성도 여러분! 주님이 우리의 더러운 옷을 벗기고 의의 옷을 입혀주셨습니다. 그리고 의의 옷을 입은 우리에게 명령하십니다. "내 도를 행하며 내 규례를 지키라!" 이는 곧 죄와 싸우라는 말씀입니다. 그러면 하나님께서 우리를 통해 그분의 나라를 다스리시고, 하나님의 임재와 영광이 우리 가운데 머물며, 우리가 천사들 사이를 다니며 언제든 하나님을 만나게 될 것입니다. 이것이 하나님께서 죄에 맞서 싸우는 우리에게 주시는 세 가지 약속입니다.

6
순금 등잔대와 감람나무

(슥 4:1-14)

이상한 순금 등잔대

우리는 지금 스가랴가 본 다섯 번째 환상 앞에 서 있습니다. 이제까지는 네 개의 환상을 살펴보았습니다. 붉은 말을 탄 자가 화석류 나무 사이에 서 있었습니다. 네 대장장이가 이스라엘을 공격하는 네 뿔을 부숴버렸습니다. 하나님께서 친히 불 성벽이 되어 지키시는 성을 보았습니다. 하늘의 재판정에서 대제사장 여호수아가 더러운 옷을 벗고 아름다운 옷으로 갈아입는 모습도 보았습니다. 이 모든 환상은 성전을 재건하고 있는 이스라엘 백성을 향한 하나님의 마음입니다. '과연 우리가 다시 회복될 수 있을까?', '우리가 만든 성전에 하나님께서 임하실까?', '우리의 삶 가운데 하나님의 영광이 다시 드러나고 나타날 수 있을까?' 하는 생각에 불안해 하던 그들에게 "내가 너희 가운데 있고 너희를 특별한 방법으로 회복시킬 테니 염려하지 말고 계속 나의 전을 지으라"는 위로와 희망의 메시지를 주기 위함이었습니다.

이스라엘을 위로하기 위해 주어진 환상들은 오늘 우리에게도 동일하게 참된 위로와 힘을 줍니다. 환상 하나하나를 마음에 품고 반복해서 생각하며 눈앞에 그리듯 확신할 때, 우리는 이 땅에서 겪는 모든 불안과 두려움을 이길 수 있습니다. 그러니 주님이 주시는 환상을 품으십시오. 반복해서 생각하십시오. 환상 가운데로 들어가 서십시오. 환상이 주는 약속을 붙드십시오. 주님이 우리를 놀라운 방법으로 회복시키고 새 힘을 주십니다.

이제 살펴볼 다섯 번째 환상은 이 모든 회복의 역사를 만들어내는 능력이 어디서 나오는지 보여줍니다.

> ² 그가 내게 묻되 네가 무엇을 보느냐 내가 대답하되 내가 보니 순금 등잔대가 있는데 그 위에는 기름 그릇이 있고 또 그 기름 그릇 위에 일곱 등잔이 있으며 그 기름 그릇 위에

있는 등잔을 위해서 일곱 관이 있고 ³그 등잔대 곁에 두 감람나무가 있는데 하나는 그 기름 그릇 오른쪽에 있고 하나는 그 왼쪽에 있나이다 하고(4:2-3).

다섯 번째 환상은 '순금 등잔대와 두 감람나무 환상'입니다. 스가랴의 눈에 펼쳐진 환상을 그림으로 표현해보았습니다.

순금으로 만든 등잔대가 있습니다. 그 위로는 기름을 공급하는 관이 있고, 그 관은 기름 그릇에 연결되어 있습니다. 이 기름 그릇은 또 다른 관으로 감람나무에 연결되어 있습니다. 이것이 스가랴의 눈앞에 펼쳐진 환상입니다.

이 환상이 깊은 침체에 빠져 있는 이스라엘을 회복시킬 수 있을까요? 도대체 등잔대와 관련된 환상이 무엇을 의미하기에 이스라엘의 회복 능력이 거기서 나온다고 하는 것입니까? 마음이 약해져 있고 이 세상에서 성도답게 살기가 정말 어렵다는 생각을 가지고 있는 우리가 보고 싶어 하는 환상은 무엇입니까? 꿈에서 돼지를 보는 것이 아닙니까? 돈다발을 보거나 큰 집을 사는 등 원하는 일이 성취되는 것을 보고 싶지 않겠습니까? 그래야 하나님께서 나와 함께하며 도와주시려나보다 하는 생각에 위로와 힘을 얻지 않겠습니까? 그런데 지금 하나님께서는 이스라엘에게 이상하게 생긴 순금 등잔대를 보여주며 힘을 내라고 말씀하십니다.

반드시 알아야 할 것

이 환상이 얼마나 중요한지 엿볼 수 있는 대목이 나옵니다. '내게 말하는 천사'와 스가랴 사이에 반복되는 대화입니다. 스가랴는 이 환상이 무엇을 의미하는지 잘 모르겠으니 알려달라고 청합니다. 그런데 여태 질문하기 전에 친절하게 설명해주던 '내게 말하는 천사'의 반응이 이전과 다릅니다.

> ⁴ 내게 말하는 천사에게 물어 이르되 내 주여 이것들이 무엇이니이까 하니 ⁵ 내게 말하는 천사가 대답하여 이르되 네가 이것들이 무엇인지 알지 못하느냐 하므로 내가 대답하되 내 주여 내가 알지 못하나이다 하니(4:4-5).

> 그가 내게 대답하여 이르되 네가 이것이 무엇인지 알지 못하느냐 하는지라 내가 대답하되 내 주여 알지 못하나이다 하니(4:13).

"네가 이것이 무엇인지 알지 못하느냐?"라고 천사는 두 번이나 반복해서 스가랴에게 반문합니다. 스가랴가 몰라서 알려달라고 했는데 "너 정말 이것도 몰라?"라고 되묻는 것입니다. 스가랴가 진짜 모르겠다고 대답하자 천사는 그제서야 환상의 의미를 풀어줍니다. 천사가 되물었다는 것은 그것이 반드시 알아야 할 만큼 중요하다는 뜻입니다. 이토록 쉽고 중요한 의미를 아직도 모르고 있다는 것에 대한 탄식이기도 합니다. 어느 쪽에 가깝든 순금 등잔대와 감람나무 환상은 모든 성도가 반드시 알아야 하는 기본 진리라는 말입니다.

기본 중에 기본인 핵심 진리는 과연 무엇일까요? 본문

에서 환상을 둘로 나누어 설명하고 있으므로 일단 두 환상의 의미부터 정리하겠습니다. 그런 다음 본문의 중앙에 위치한 '이 환상을 이루는 능력의 근원'에 대한 설명을 정리하는 순서로 말씀을 나누고자 합니다.

순금 등잔대: 회복된 성전의 모습

다섯 번째 환상의 앞부분에 해당하는 순금 등잔대를 먼저 살펴보겠습니다.

> ² … 그 위에는 기름 그릇이 있고 또 그 기름 그릇 위에 일곱 등잔이 있으며 그 기름 그릇 위에 있는 등잔을 위해서 일곱 관이 있고 ³ 그 등잔대 곁에 두 감람나무가 있는데 하나는 그 기름 그릇 오른쪽에 있고 하나는 그 왼쪽에 있나이다…
> (4:2-3).

오늘날 우리 대부분에게 순금 등잔대는 생소한 물건일 것입니다. 어떤 모양이고 어떤 용도인지 그림이 잘 그려지지 않습니다. 일상에서 그런 물건을 본 적이 거의 없기 때문입니다. 그러나 당시 이스라엘 백성에게 순금 등잔대는 아주 익숙하고도 그리운 물건이었습니다. 그들의 마음속에는 늘 특별한 순금 등잔대가 있었으니까요. 하나님께서 이스라엘 백성과 교제하시는 장소로 정한 성막 안에는 그분이 친히 설계하신 등잔대가 있었습니다. 이것을 이스라엘 사람들은 '메노라'라고 불렀습니다. 메노라는 하나님께서 머무시는 성소를 비추는 유일한 조명입니다. 메노라는 전통적으로 '하나님께서 비추시는 진리와 생명과 빛'을 의미합니다.

〈 메노라 〉

그런데 스가랴가 환상 속에서 본 순금 등잔대는 성소의 등잔대와는 뚜렷이 다른 세 가지 특징이 있습니다.

첫째, 기름을 담는 그릇이 등잔 아래가 아니라 등잔 꼭대기에 있습니다. 그릇이 꼭대기에 있으니 밑에서 기름을 끌어 올리는 것이 아니라 기름이 위에서 내려오는 구조입니다.

둘째, 기름을 붓는 그릇과 등잔을 연결시키는 관이 하나씩 있는 것이 아니라 불을 밝히는 등잔 각각에 일곱 개씩 있습니다. 본문의 2절 하반부는 "일곱 등잔이 있으며 그 기름 그릇 위에 있는 등잔을 위해서 일곱 관이 있고"라고 말합니다. 각각의 등잔과 그 위에 있는 그릇 사이에 일곱 개의 관이 있었다는 뜻입니다. 그러므로 관(빨대)이 전부 합쳐 49개나 되는 셈입니다(앞의 그림에서는 49개나 되는 관을 일일히 그릴 수 없어 일곱 개의 관으로 표현했습니다). 이렇게 관이 많다는 것은 무엇을 의미합니까? 관이 막혀 등불이 꺼질 일이 없고 이전보다 일곱 배는 밝다는 뜻입니다.

셋째, 기름이 공급되는 방식이 특이합니다. 옛날에는 감람나무에서 기름을 추출해서 보관해두었다가 등잔대 기름이 떨어지면 조금씩 기름 그릇에 부었습니다. 그런데 환상 속의 등잔은 기름을 공급하는 감람나무와 곧바로 연결되어 있어 기름이 끊길 걱정이 전혀 없습니다.

하나님께서는 지금 스가랴를 통해 이스라엘에게 이렇게 말씀하시는 것입니다. "너희는 지금 성전을 짓고 있다. 성전을 지으면서도 너희가 정말 회복될 수 있는가에 대해 의문을 품고 있다. 그러나 나는 이전과 비교할 수 없을 정도로 너희를 완전히 회복시킬 것이다."

이전의 순금 등잔대는 어땠습니까? 하나님의 완전성을 의미하는 일곱 개의 가지가 생명을 상징하는 아몬드 꽃으로 장식되어 있었습니다. 그것은 성막 안을 비추며 하나님의 생명의 빛을 나누는 훌륭한 역할을 했습니다. 그런데 환상 속의 새로운 순금 등잔대는 어떻습니까? 그 빛은 절대 꺼지지 않습니다. 기름을 밑에서 끌어올리는 것이 아니라 기름이 위에서 아래로 흘러내리는 구조입니다. 기름 그릇에서 각 등잔대로 이어지는 관도 한 개가 아니라 일곱 개씩 있어 막힐 일이 없습니다. 게다가 누군가가 기름을 챙겨서 공급할 필요 없이 그냥 감람나무와 연결되어 있어 기름이 끊길 일도 전혀 없습니다.

그 결과 이 새로운 등잔대 위에서 영원한 하나님의 생명의 빛이 일곱 배나 밝게 영원토록 비춰집니다. "너희가 짓는 새로운 성전을 통해 이전과는 비교할 수 없을 정도로 진리와 생명의 빛이 밝게 비춰질 테니 아무 걱정 말고 성전을 지으라!"는 메시지입니다. 이 성전에서 나오는 빛이 그들로 하여금 이 세상에서 하나님 백성으로 살아가게 할 것이라는 말씀이기도 합니다.

새로운 순금 등잔대는 신약 시대를 사는 오늘 우리에게는 무엇을 의미할까요? 성경에서 자기 자신을 '진리와 생명의 빛'으로 소개하신 분이 있습니다. 바로 예수 그리스도입니다.

> 예수께서 또 말씀하여 이르시되 나는 세상의 빛이니 나를 따르는 자는 어둠에 다니지 아니하고 생명의 빛을 얻으리라 (요 8:12).

예수님께서 직접 자신을 소개하십니다. "나는 세상의 빛이니 나를 따르는 자는… 생명의 빛을 얻으리라." 스가랴가 본 새로운 순금 등잔대는 우리를 위해 어두운 이 땅에 빛으로 오실 예수 그리스도를 보여줍니다.

예수님은 위에서 흘러내리는 기름으로 타오르는 빛이십니다. 예수님은 절대 꺼지지 않습니다. 예수님은 이전보다 일곱 배, 아니 그 이상으로 밝게 빛나십니다. 깊은 어둠 가운데 있고 그 어둠에서 스스로 빠져나올 수 없는 죄인인 우리를 위해 오신 분입니다. 그 빛이 올 때 우리는 진리와 생명을 보게 됩니다. 무너진 폐허 속에서도 희망을 봅니다. 아무런 소망이 없던 이들이 힘과 위로를 얻고 살아갈 이유를 발견합니다.

성도에게 필요한 것은 돈이나 권력이나 사람이 아니라 완전한 빛이신 예수 그리스도입니다. 이미 우리 가운데 빛으로 오신 분의 빛 가운데 서기를 바랍니다. 정오의 태양보다 빛나서 다메섹으로 가던 사울을 거꾸러뜨리고 돌이키신 예수님을 만나고 붙들고 누리며 이 땅을 살아가기를 축원합니다.

두 감람나무: 주 앞에 서 있는 자

새로운 순금 등잔대는 완전한 생명의 빛으로 임하실 예수 그리스도를 상징한다고 말씀드렸습니다. 그런데 환상은 여기서 끝나지 않고 순금 등잔대와 연결된 두 감람나무로 이어집니다. 두 감람나무는 무엇을 의미할까요? 스가랴의 질문에 '내게 말하는 천사'가 대답합니다.

> 이르되 이는 기름 부음 받은 자 둘이니 온 세상의 주 앞에 서 있는 자니라 하더라(4:14).

두 감람나무는 기름 부음을 받은 자들을 상징합니다.

이스라엘 백성의 입장에서 보면 누군지 알 만한 사람들입니다. 당시 '기름 부음을 받는다'는 것은 왕과 제사장과 선지자에게만 쓰는 특별한 표현이었으므로, 이 말을 들은 사람들은 성전 건축을 진두지휘하는 총독 스룹바벨과 대제사장 여호수아를 떠올렸을 것입니다. 당시에 두 사람의 리더십에 도전하는 이들이 있었습니다. 그래서 그들의 리더십을 세워주기 위해 스룹바벨과 여호수아를 순금 등잔대에 기름을 공급하는 자들로 설명한 것입니다. 그들은 하나님께서 진리의 빛을 비추시는 데 쓰임 받는 당시 이스라엘 민족의 지도자들입니다. 이것은 역사적 정황 속에서 충분히 읽어낼 수 있는 의미입니다.

그렇다면 진리의 빛이신 예수님께서 이 땅에 오신 이후 세대인 우리는 이 부분을 어떻게 읽어야 할까요? 초대 교회 시대의 사도 요한은 이 부분을 이렇게 설명했습니다.

> ³ 내가 나의 두 증인에게 권세를 주리니 그들이 굵은 베옷을 입고 천이백육십 일을 예언하리라 ⁴ 그들은 이 땅의 주 앞에 서 있는 두 감람나무와 두 촛대니 ⁵ 만일 누구든지 그들을 해하고자 하면 그들의 입에서 불이 나와서 그들의 원수를 삼켜버릴 것이요 누구든지 그들을 해하고자 하면 반드

시 그와 같이 죽임을 당하리라(계 11:3-5).

스가랴 4장 14절은 두 감람나무를 뭐라고 설명합니까? "온 세상의 주 앞에 서 있는"이라고 설명합니다. 요한이 두 증인을 설명할 때 사용하는 표현, "이 땅의 주 앞에 서 있는"과 유사하지 않습니까? 맞습니다. 요한은 지금 스가랴의 표현을 그대로 사용하여 마지막 때에 적그리스도에 맞서 복음을 증거하는 증인들의 모습을 설명하고 있습니다. 그리스도가 권세를 주어 세상에 그리스도를 증거하는 '두 증인'의 다른 이름이 바로 순금 등잔대 옆에 있는 '두 감람나무'입니다. 스가랴가 본 환상을 요한도 본 것입니다. 두 감람나무는 '기름 부음을 받은 자들'이고, 구약 시대에는 특정한 지도자들만 이에 해당했지만, 이제는 주님의 진리의 빛을 전하며 살아야 하는 모든 증인, 즉 교회가 바로 증거하는 두 감람나무입니다.

사랑하는 성도 여러분, 우리가 바로 두 감람나무입니다. 진리의 빛이신 그리스도에 관으로 연결된 나무들이 바로 우리입니다.

"우리처럼 부족한 자들이 순금 등잔대, 즉 진리와 생명의 빛이신 예수 그리스도에게 기름을 공급하는 감람나무라고요?" 하고 놀라서 묻는 분이 있을지도 모르겠습니다. 도무지 말이 안 되는 것 같지만 그것은 이미 일어난 사실입니다. 어떻게 그런 일이 일어났는지 물으면 답할 수는 없습니다. 합리적으로나 상식적으로 생각해서 불가능한 일이기 때문입니다. 그런데 그런 일이 이미 우리에게 일어났습니다. 예수님께서 부족한 우리와의 연합을 택하셨기 때문입니다.

예수님께서는 부족한 이 땅의 교회인 우리와 자신을 분리될 수 없는 하나로 묶으셨습니다. 예수님은 교회의 머리가 되기를 선택하셨고, 따라서 교회는 예수님의 몸이 되었습니다. 그 둘은 다시 분리되어 각각 존재할 수 없게 되었습니다. 우리가 주님에게서 떨어져 나가고 싶어도 이제는 불가능합니다. 주님의 강한 팔이 우리를 끌어안으시기 때문입니다. 우리에게 그럴 만한 가치가 없음에도 불구하고 그렇게 하시려는 그분의 의지가 너무나도 강력합니다. 그 예수님께서 우리에게 완전히 의존하셨습니다.

삼위 하나님께서 능력을 발하시면 이 땅의 모든 것이 그분의 뜻대로 움직일 수밖에 없습니다. 선교도 한순간에 이루어지고, 세상은 순식간에 그분이 원하시는 것들로 채워질 것입니다. 그런데 하나님께서는 그렇게 일하지 않으셨습니다. 하나님은 예수님을 이 땅에 보내셨고, 예수님은 이 땅에서의 사역을 마무리하며 자신의 일을 제자들, 즉 부족해 보이는 교회의 씨앗들에게 맡기셨습니다. 지금 그 예수님은 교회를 통해 자신의 빛을 드러내고 신실하게 영적 기름이 공급되기를 원하십니다. 번거로운 과정을 생략하고 그분이 혼자 하시면 더 밝고 찬란한 빛을 만들어낼 텐데, 왠지 그분은 그런 효율적인 방법을 택하지 않으셨습니다. 불완전한 사람들, 이 땅의 교회를 통해 기름을 공급받기를 선택하셨습니다.

우리는 그리스도에게 붙어 있는 두 감람나무입니다. 예수님과 연합해 열매 맺는 나뭇가지 이야기는 다른 성경 본문에서도 많이 찾아볼 수 있습니다. 그러나 여기서 핵심은 그리스도가 먼저 우리에게 손을 내미셨다는 것입니다. 그분이 먼저 우리를 끌어안으셨습니다. 그분의 생명과 진리의 빛을 우리에게 비추십니다. 그 빛을 받고 부족한 감람나무인 우리 안에 향기로운 기름이 만들어집니다. 그 기름이 다시 그분에게로 흘러 들어갑니다. 그러면 그분은 우리에게 받은 기름으로 세상을 더욱 밝게 비추십니다.

이것이 주님께서 우리를 향해 꿈꾸시는 모습입니다. 지금도 우리를 통해 그 꿈을 꾸십니다. 이러한 주님의 꿈에 반응하시기 바랍니다. 주님의 진리와 생명의 빛을 누리십시오. 그 빛이 만드는 삶의 열매를 맺으십시오. 그 귀한 꿈에 참여하는 성도가 되기를 축원합니다.

오직 여호와의 영으로 되는 것

앞에서 순금 등잔대와 두 감람나무를 설명했습니다. 순금 등잔대는 진리의 빛으로 세상에 오실 예수 그리스도이고, 두 감람나무는 예수 그리스도를 통해 사는 동시에 그분을 위해 사는 이 땅의 교회, 즉 성도라고 말씀드렸습니다. 구약 시대와 비교할 수도 없는 엄청난 변화가 일어날 것을 예고하는 환상이 아닐 수 없습니다.

그런데 문제가 있습니다. 이스라엘은 이미 실패를 경험했습니다. 이전에 그들은 노력했지만 실패한 경험이 많은 자들입니다. 그런 이들이 어떻게 완전한 빛을 뿜어내는 순금 등잔대 옆에서 영광스러운 기름을 만들어 공급하는 일을 할 수 있을까요? 그들은 자신의 수준을 알고 있습니다. 자신들이 그렇게 못한다는 것이 역사를 통해 증명되었습니다. 그들에게 이것은 도무지 이루어질 수 없는 일입니다. 그래서 오늘 환상의 중심에는 이 모든 일을 가능케 하는 어떤 능력에 관한 설명이 나옵니다.

> ⁶ 그가 내게 대답하여 이르되 여호와께서 스룹바벨에게 하신 말씀이 이러하니라 만군의 여호와께서 말씀하시되 이는 힘으로 되지 아니하며 능력으로 되지 아니하고 오직 나의 영으로 되느니라 ⁷ 큰 산아 네가 무엇이냐 네가 스룹바벨 앞에서 평지가 되리라 그가 머릿돌을 내놓을 때에 무리가 외치기를 은총, 은총이 그에게 있을지어다 하리라 하셨고(4:6-7).

여기서 힘에 해당하는 히브리어 '하일'은 육체적인 힘, 군대, 재산과 관련된 모든 종류의 능력을 의미하고, 능력으로 번역된 '코하르'도 의지나 마음의 힘 같은 능력을 의미합니다. 인간이 만든 것 가운데 최고의 힘을 낼 수 있는 것이 바로 '하일'과 '코하르'입니다. 사실 대부분의 일은 이 두 가지만 있으면 이루어낼 수 있습니다. 눈에 보이는 힘과 보이지 않는 내적인 힘 두 가지를 다 가지고 있다면 세상에 못할 일이 별로 없습니다.

그런데 적어도 성전을 세우는 일, 다시 말해 하나님과의 관계를 다시 온전케 하는 일에서는 세상이 말하는 힘과 능력이 전혀 도움이 안 될 수 있습니다. "너희도 알다시피 그런 것들로 성전을 세우려 한다면, 순금 등잔대를 만들고 지키려 한다면 반드시 실패할 것"이라고 말씀하십니다.

그렇다면 어떻게 해야 성전을 바르게 재건할 수 있을까요? "오직 나의 영으로 되느니라." 드디어 하나님의 영, 즉 성령이 등장합니다. 하나님께서 이전과는 다른 새로운 능력을 부어주겠다고 약속하신 것입니다. 이전의 실패를 뛰어넘을 수 있게 하는 분을 그들 가운데 보내주시겠다는 것입니다. 예수 그리스도를 영접할 때 우리 가운데 들어와 우리와 영원토록 함께하시는 분, 바로 성령입니다. 성령은 우리 가운데 들어와 '내주하시는' 분입니다. 성령이 백성인 우리를 인도하십니다. 그 인도하심을 따르는 백성들 가운데 성령의 충만과 은사와 열매가 나타납니다. 이전에는 도무지 만들어낼 수 없던 하나님의 위대한 역사가 우리를 통해 일어납니다. 스가랴 선지자는 이것을 가리켜 '산을 옮기는 것'과 같다는 말도 합니다. 하나님의 영은 그 산을 부수어 평지를 만들어내는 새로운 능력입니다.

큰 산아 네가 무엇이냐 네가 스룹바벨 앞에서 평지가 되리라(7절).

큰 산이 무엇입니까? 1차적으로는 돌아온 포로들이 폐허 위에 새롭게 성전을 짓는 일을 가리킵니다. 그러나 인간의 능력으로는 옮길 수 없는 큰 산의 영적 의미는 '사망'입니다. 모든 인간이 짊어지고 있는 죄와 그 죄의 삯인 사망 말입니다. 어떤 인간도 죄의 삯인 사망 앞에서는 좌절할 수밖에 없습니다. 어떤 능력도 사망의 문제를 해결하지 못했고 앞으로도 그럴 줄 알았습니다.

그런데 큰 산, 즉 사망을 무너뜨리고 부숴버리는 능력이 나타났습니다. 바로 하나님의 영이신 성령의 능력입니다. 성령의 능력이 발동되자 큰 산이 한순간에 평지가 됩니다. 성령과 함께하는 하나님의 백성들에게 사망은 더 이상 움직일 수 없는 산이 아닙니다. 부활하신 주님을 만나 이 같은 경험을 한 바울은 스가랴가 본 다섯 번째 환상 가운데 나오는 고백과 찬양을 가지고 온 인류의 큰 산인 사망을 향해 외칩니다.

> 사망아 너의 승리가 어디 있느냐 사망아 네가 쏘는 것이 어디 있느냐(고전 15:55).

성령의 사람들 앞에서 큰 산인 사망이 무너져 평지가 되었습니다. 부활이 사망을 집어삼켰습니다.

이제 말씀을 마무리하겠습니다. 예수 그리스도가 이 땅에 오심으로 진리와 생명의 빛이 이전과는 비교할 수 없을 정도로 밝게 비치고 있습니다. 그 빛으로 인해 그 옆에 있는 감람나무인 이 땅의 교회는 놀라울 정도로 성숙을 이룰 수 있습니다. 그 빛을 통해 만들어내는 기름을 우리는 끊임없이 그 빛을 만드시는 주님께 돌려드리며 살아야 합니다. 이보다 아름다운 영적 순환도 없을 것입니다. 그런데 여기까지는 복음이 아닙니다. 왜일까요? 우리의 본성과 역사를 조금만 살펴보아도 우리에게 이러한 일을 감당할 능력이 없다는 것을 알 수 있기 때문입니다. 이야기가 여기서 끝난다면 우리는 이루어질 수 없는 환상 앞에서 절망할 수밖에 없습니다.

그런데 두 환상 사이에 하나님의 영이신 성령이 등장합니다. 모든 힘과 능력으로 만들어내는 위대한 일을 우리로 하여금 할 수 있게 하시는 분이 성령입니다. 성령에게 의지합시다. 우리가 성전 세우는 일을 감당할 수 있도록 우리를 붙들어달라고 구하십시오. 자신의 처지를 돌아보며 교만하지도 비참해하지도 말고, 산을 옮기는 능력을 소유하시고 사망을 이기는 부활 권능을 우리 가운데 행하실 성령을 바라봅시다.

주님의 은혜 가운데 성령 하나님과 함께 믿음으로 오늘 우리에게 주어진 성전 세우는 일을 감당할 수 있는 복된 성도가 되기를 축원합니다.

7

날아가는 두루마리

(슥 5:1-4)

날아가는 두루마리

이번에는 스가랴 선지자가 여섯 번째로 본 환상인 '날아가는 두루마리' 장면입니다. 아마도 이 장면을 상상하는 데 큰 어려움이 없을 것입니다. 이와 유사한 장면을 책이나 영화에서 보았을 테니까요. 하늘을 나는 양탄자 말입니다. 영화 〈알라딘〉을 보면 주인공을 태우고 하늘을 나는 양탄자가 등장합니다. 그 모습은 스가랴가 본 여섯 번째 환상, 즉 날아가는 두루마리 환상과 얼핏 유사해 보입니다.

그러나 우리는 그 당시에 두루마리가 의미하는 바를 기억해야 합니다. 두루마리 하면 큰 천이 떠오를 것입니다. 둘

둘 말린 천이나 가죽 말입니다. 당시는 지금처럼 제본 기술이 발달하지 못했기에 천이나 가죽에 글을 썼고, 그것을 손상 없이 보관하고 이동하기 위해 둘둘 말아서 가지고 다녔습니다. 일종의 책인 셈입니다. 결국 우리와 스가랴는 비슷한 장면을 보고 있지만 생각하는 바가 다릅니다. 날아가는 두루마리 환상을 보며 우리가 알라딘의 양탄자를 떠올렸다면, 이스라엘은 하늘에 펼쳐진 거대한 책을 떠올렸을 것입니다. 이 점을 염두에 두고 환상 속으로 들어가 보겠습니다.

> [1] 내가 다시 눈을 들어 본즉 날아가는 두루마리가 있더라 [2] 그가 내게 묻되 네가 무엇을 보느냐 하기로 내가 대답하되 날아가는 두루마리를 보나이다 그 길이가 이십 규빗이요 너비가 십 규빗이니이다 [3] 그가 내게 이르되 이는 온 땅 위에 내리는 저주라(5:1-3).

스가랴는 어디론가 날아가는 거대한 두루마리를 보았습니다. 펼쳐진 채 날고 있는 두루마리의 길이는 20규빗, 너비는 10규빗으로 현대의 미터법으로 환산하면 길이가 9미터, 너비가 4.5미터입니다. 실로 거대한 크기의 책이 하늘을 날고 있습니다. 하도 커서 두루마리에 쓰인 글자가 다 보일 정도였습니다. 거기에는 '온 땅 위에 내리는 저주'가 기록되어 있었습니다.

이스라엘을 위한 두루마리 환상

이제 이 환상의 의미가 무엇인지 정리해보겠습니다. 먼저 당시 이스라엘 백성들은 이 환상을 어떻게 읽었을지 살펴보고, 다음으로 오늘 우리가 이 환상을 어떻게 적용할 수 있는지 생각해보겠습니다.

첫째, 두루마리 환상은 하나님께서 이스라엘의 '내적 변화'를 원하고 계심을 드러냅니다. 지금 이스라엘 백성들이 열심히 성전을 재건하고 있습니다. 그들은 분명 어려운 상황 속에서 성전을 짓고 있습니다. 그런데 그들은 눈에 보이는 건물에만 집중했습니다. 성전을 재건하는 과정에서 마땅히 '하나님의 말씀에 순종하는 삶'을 살아야 하는데도 그렇게 하지 않았습니다. 눈에 보이는 성전을 짓느라 보이지 않는 성전, 하나님과의 관계, 하나님의 말씀에 순종함이라는 보이지 않지만 더 중요한 일을 소홀히 한 것입니다. 옛적에 유다 왕국이 멸망하고 백성들이 포로로 끌려간 이유는 그들에게 보이는 성전이 없었기 때문이 아닙니다. 그들이 망한 것은 '보이지 않는 성전', 즉 하나님께서 그들에게 주신 율법을 무시했기 때문입니다. 그들은 하나님의 법을 우습게 여겼고 끊임없이 보내신 하나님의 말씀을 듣고도 회개하지 않았습니다. 하나님께서는 이 부분을 다시 언급하며 눈에 보이는 성전을 다시 지을 뿐만 아니라 내면의 성전도 지어올리라고 경고하신 것입니다.

둘째, 두루마리 환상은 하나님께서 이스라엘 백성에게 그분이 온 세상을 통치하심을 보여주는 신호이기도 합니다. 그 두루마리에는 하나님의 법이 쓰여 있습니다. 그 법이 온 세상을 날아다닌다는 것은 온 세상이 하나님의 법 아래서 통치를 받는다는 의미입니다. 이것은 이스라엘 백성들의 가슴을 펴게 만드는 환상입니다. 하나님의 말씀이 온 세상의 법이 되고, 하나님의 통치가 온 땅에 미치는 것을 보여주기 때문입니다. 당시는 페르시아라는 강력한 제국이 다스리는 세상입니다. 유다는 일찌감치 패망하고 페르시아의 지배를 받는 작은 속국에 불과합니다. 독립은 꿈꿔볼 수 없는 변방의 작은 지역입니다. 페르시아 사람이 이 환상을 보았다면 아마 비웃었을 것입니다. 주권도 없는 약소 민족의 법이 전 세계에 통용되고 전 세계를 다스린다고 말하고 있으니 말입니다.

당시 이스라엘 백성에게 두루마리 환상이 주는 메시지는 두 가지입니다. 하나는 외적인 부분만 신경 쓰다가 놓칠 수 있는 내적 변화에 힘쓰라는 말씀이고, 다른 하나는 이후에 하나님의 법이 온 땅을 통치할 텐데 그들이 지금 그 일의 초석을 깔고 있다는 위로의 말씀입니다. 지쳐 있는 이스라엘 백성들에게 그들이 하는 일이 얼마나 중요한지 가르쳐주는 동시에 내면도 돌아보며 일하라고 격려하신 것입니다.

두루마리 환상이 예고하는 진리

오늘을 사는 우리는 하늘을 날아가는 두루마리 환상을 어떻게 읽고 적용할 수 있을까요? 일단 이 예언이 역사 속에서 성취된 적이 있는지, 있다면 어떻게 성취되었는지 알아보아야 합니다. 이스라엘 백성이 가지고 있는 하나님의 법이 온 세상을 통치하는 법이 된 시기나 사건이 있을까요?

얼핏 생각하기에 그런 적이 있는 것 같기도 합니다. 중세 가톨릭 시대 말입니다. 기독교가 로마 황제의 승인을 받아 국교가 된 이후 종교와 신앙이 일치된 사회가 열린 듯했습니다. 그러나 그 시대를 연구하는 많은 이들은 그 시대는 기독교의 법이 세상을 통치했다기보다 세상의 법이 기독교 안에 들어와 기독교를 변질시킨 때라고 정리합니다. 다시 말해 기독교의 법이나 율법이 온 세상을 판단하는 기준이 되고 온 세상을 움직였던 적은 역사상 없었습니다.

그렇다면 우리는 이 환상을 어떻게 이해해야 할까요? 당시 이스라엘 백성들에게 '하나님께서 다스리실 나라를 꿈꾸며' 힘을 내어 성전을 재건할 수 있게 독려하는 이 이야기를 신약의 빛 아래서는 어떻게 이해할 수 있을까요?

두루마리는 기본적으로 옛 언약인 율법(토라)을 상징합니다. 율법은 하나님께서 만드신 법입니다. 그래서 율법은 기본적으로 좋은 것입니다. 율법 자체가 나쁘지 않습니다. 우리가 알고 있는 나쁜 율법, 복음과 은혜의 반대편에 있는 율법은 엄밀히 말해 율법이 아니라 '율법주의'입니다. 율법주의가 무엇입니까? 율법주의란 율법을 지킴으로 하나님께 사랑받고 상을 얻으려는 생각입니다. 바울이 로마서와 갈라디아서에서 맞서 싸운 것이 바로 율법주의입니다. 율법은 기본적으로 좋은 것입니다. 율법을 만드신 이가 하나님이기 때문입니다. 법은 그 법을 만든 이의 마음과 생각을 반영합니다. 법에는 그 법을 만든 이가 들어 있습니다. 즉 율법 속에 하나님이 계십니다. 그래서 구약 시대의 백성들은 율법을 배우고 익히고 지키는 가운데 하나님을 배우고 익히고 사랑할 수 있었습니다.

그런데 우리는 신약 시대를 살고 있습니다. 신약 시대와 구약 시대는 하나님을 아는 방식에서 차이가 납니다. 구약 시대의 백성들이 하나님을 알 수 있는 길은 율법 아래에 있습니다. 그런데 신약 시대를 사는 우리에게는 새로운 길이 열렸습니다. 이전의 율법 혹은 두루마리와 비교할 수 없는 새로운 분, 하늘을 나는 거대한 두루마리가 나타나셨기 때문입니다. 바로 예수 그리스도입니다. 우리는 하늘을 날아가는 거대한 두루마리를 이미 보았습니다. 어디서 보았습니까? 골고다 십자가 언덕에서입니다. 십자가에 달리신 예수님에게서 우리는 새로운 두루마리를 보았습니다. 예수님은 '하나님의 영광'입니다. 예수님을 보는 것은 곧 하나님을 보는 것과 같습니다.

> 예수께서 이르시되 빌립아 내가 이렇게 오래 너희와 함께 있으되 네가 나를 알지 못하느냐 나를 본 자는 아버지를 보았거늘 어찌하여 아버지를 보이라 하느냐(요 14:9).

예수님께서는 자신을 본 자는 아버지를 보았다고 말씀하셨습니다. 하나님이 어떤 분이신지 율법이 막연하게 보여주었다면, 예수님은 하나님을 선명하게 보여주셨습니다. 예수님은 골고다 언덕 위 십자가 위에 올라가셨습니다. 그리고 온 세상을 바라보며 하나님의 공의로우심과 이 땅을 향한 사랑을 동시에 온전히 보여주셨습니다.

구약의 율법이 보여주고 들려주고 싶었던 핵심은 무엇일까요? "너희는 죄인이다", "너희는 죄인이어서 거룩하신 하나님 앞에 설 수 없다", "너희에게는 구원자가 필요하다", "하나님의 은혜를 사모하라"입니다.

그런데 그 모든 메시지를 들려주는 곳이 있습니다. 십자가에 달리신 하나님 아들 예수 그리스도 앞입니다. 예수님께서 십자가에 달리심으로 온 세상을 향해 판단의 기준이 되셨습니다. 하나님의 아들이 인간 대신 죽으셔야 했다면 그것은 분명 인간에게 심각한 문제가 있다는 선언입니다. "인간은 죄에서 벗어날 수 없는 죄인이다"라는 율법의 선언을 예수님께서 십자가 위에서 하셨습니다. 온 세상은 그리스도의 십자가 앞에서 하나님의 사랑과 공의의 메시지를 동시에 들었습니다.

사랑하는 성도 여러분, 하늘을 나는 거대한 두루마리,

그 거대한 책을 보십시오. 그 안에 적혀 있는 수많은 율법을 보십시오. 그 앞에서 좌절할 수밖에 없는 나의 모습을 보십시오. 율법 앞에서 머리를 숙이고 "나는 죄인입니다"라고 고백하시기 바랍니다. 그리고 두루마리가 상징하는 십자가에 달리신 그리스도를 보십시오. 그분은 우리를 대신해 십자가에 높이 달리셨습니다. 그분이 달리신 십자가는 우리가 용서받을 수 없는 죄인이라는 사실을 보여줍니다. 동시에 죄인인 우리를 그분이 너무나 사랑하신다는 사실을 보여줍니다. 십자가 앞에 나아가 우시기 바랍니다. 십자가 앞에서 회개하시기 바랍니다. 십자가에 달리신 분을 사랑하시기 바랍니다. 십자가에 달리기까지 우리를 사랑하신 하나님의 아들께서 우리를 일으키실 것입니다. 그리고 이전에 한 번도 살아본 적 없는 삶, 하나님의 법에 자신을 맞춰 살아갈 수 있는 은혜를 베푸실 것입니다. 모든 성도들의 삶에 하나님의 법이 성취되기를 축원합니다.

이스라엘의 죄: 도둑질과 거짓 맹세

5장 3절과 4절에는 율법의 두루마리에 적힌 내용 가운데서 특히 강조되는 두 가지 죄에 대한 경고가 나옵니다. '도둑질하는 자'와 '거짓 맹세하는 자'에 대한 경고입니다.

> ³ 그가 내게 이르되 이는 온 땅 위에 내리는 저주라 도둑질하는 자는 그 이쪽 글대로 끊어지고 맹세하는 자는 그 저쪽 글대로 끊어지리라 하니 ⁴ 만군의 여호와께서 이르시되 내가 이것을 보냈나니 도둑의 집에도 들어가며 내 이름을 가리켜 망령되이 맹세하는 자의 집에도 들어가서 그의 집에 머무르며 그 집을 나무와 돌과 아울러 사르리라 하셨느니라 하니라(5:3-4).

율법의 많은 항목 가운데 딱 두 가지 죄만 언급하는 이유가 무엇일까요? 당시 성전을 짓는 이스라엘 백성들 가운데 있는 특정한 문제 때문이었습니다.

페르시아에서 포로생활을 하다 돌아온 이스라엘 백성들은 아직 자리를 잡지 못한 상태였습니다. 학개서를 보면 그들은 거주하는 집조차 갖추지 못했고 성벽을 세울 여력은 더더욱 없었습니다. 게다가 기근이 들어 먹을 것마저 부족한 지경이었습니다. 이렇게 열악한 상황 속에서 이스라엘 백성 가운데 도둑질하는 자와 거짓 맹세를 통해 이익을 챙기는 자들이 나타났습니다. 여기서 도둑질하는 자란 단순히 남의 물건을 훔친다기보다는 힘과 권력으로 남의 물건이나 권리를 빼앗는 사람을 말합니다. '하나님의 이름으로 망령되이 맹세하는 자'도 마찬가지입니다. 그들은 하나님의 권위를 등에 업고 거짓말로 힘없는 이들의 것을 빼앗아 자기 소유를 불리는 자들입니다.

3절에 "글대로 끊어지고"라는 표현이 반복되고 있습니다. 개역개정 성경만 보면 이들이 '끊어진다'라고 되어 있기 때문에 심판을 받는다고 생각하게 됩니다. 그러나 여기에 쓰인 '나카'라는 히브리어 동사는 성경의 다른 곳에서는 끊어진다는 의미로 번역된 적이 거의 없습니다. 구약성경 전체에서 45번 나오는데 그 가운데 41번은 '벗어나다, 면하다, 면책되다'라는 의미로 쓰입니다.

도둑질하는 자와 거짓 맹세하는 자는 '힘있는 자들'이었습니다. 그들은 그 힘을 이용해 마땅히 받아야 할 벌을 받지 않았습니다. 늘 법망에서 벗어났고 징계를 면했습니다. 오히려 전보다 더 편하고 풍요롭게 살았습니다. 이스라엘 안에 있는 사람들은 그런 이들을 보고 열심히 일할 의욕을 잃었습니다. 그래서 하나님께서 두루마리 환상을 통해 그런 죄를 짓는 자들을 심판하고 바로잡겠다고 선언하십니다. 이것은 하나님께서 친히 공의를 이루시겠다는 선언이며, 도둑질과 거짓 맹세로 피해 본 자들 앞에서 공의를 세우시겠다는 약속입니다.

> 우리가 선을 행하되 낙심하지 말지니 포기하지 아니하면 때가 이르매 거두리라(갈 6:9).

힘없는 자들의 것을 다양한 방식으로 도둑질한 권력자와, 거짓 맹세로 남의 것을 빼앗은 종교 지도자들을 하나님께서 직접 손을 들어 치실 것입니다. 부당한 상황 속에서 기운이 빠진 이스라엘을 향해 "힘을 내라. 너희는 너희에게 주어진 믿음의 싸움을 하면 된다. 계속해서 성전을 지으라"고 말씀하시는 것과 같습니다. 이 약속을 받은 이스라엘은 하나님을 신뢰함으로 다시 힘을 내어 성전 짓는 일을 계속해서 감당할 수 있었습니다.

이 땅에는 도둑질하는 자나 거짓 맹세하는 사기꾼들이 너무 많습니다. 그런 자들이 벌을 받기는커녕 잘되는 모습을 보면 화가 납니다. 그러나 우리 하나님께서 반드시 그들을 치겠다고 말씀하십니다. 그들에게 공의를 적용하겠다고 약속하십니다. 그러니 성도 여러분, 낙심하지 말고 우리에게 주어진 마땅히 해야 하는 일, '그 선'을 오늘도 행합시다.

두루마리 환상은 분명 그 당시 이스라엘 백성 가운데 있는 죄의 문제를 책망하고, 그 죄로 인해 낙심한 이들을 일으켜 세워 다시 성전을 짓게 하려는 의도가 있습니다. 그런데 메시지가 여기서 끝나지 않습니다. 4절을 좀 더 세심하게 읽어보아야 합니다.

> 만군의 여호와께서 이르시되 내가 이것을 보냈나니 도둑의 집에도 들어가며 내 이름을 가리켜 망령되이 맹세하는 자의 집에도 들어가서 그의 집에 머무르며 그 집을 나무와 돌과 아울러 사르리라 하셨느니라 하니라(4절).

만군의 여호와께서 보내신 거대한 두루마리가 하늘을 날아갑니다. 그런데 계속 날아가기만 하는 게 아니라 도둑의 집으로 들어갑니다. 거짓 맹세로 다른 이에게 피해를 준 자의 집에 들어갑니다. 그러고는 그 집에 머물며 그 집을 살라버립니다. 마지막 구절에서 '사르리라'로 번역되어 있는 단어는 히브리어에서 '태우다'라는 의미로 쓰인 적이 없습니다. 기본 의미는 '묻어버리다'이고, 파생된 의미로는

'끝내다', '멸하다', '끝장내다'가 있습니다.

율법을 상징하는 두루마리가 그냥 제시되고 끝나는 것이 아니라 스스로 돌아다니고 있습니다. 죄인의 집에 들어가 그 집에 머물며 그 집의 모든 것을 뒤집어엎고 있습니다. 그들은 이전에 알고 있던 율법과는 다르게 '움직이고 들어가고 머물며 변화시키는 율법'을 보고 있습니다. 이 두루마리는 예전에 모세가 들고온 그 율법이 아닙니다. 모세가 들고 왔던 율법의 두 돌판은 지금은 사라지고 새로운 법이 왔습니다. 새로 온 법은 이전처럼 가르치고 들려주며 기준이 되어 판단하는 것으로 끝나지 않습니다. 이전의 법이 실패했음을 우리는 알고 있습니다. 우리는 그 법을 지킬래야 지킬 수 없습니다. 이스라엘뿐만 아니라 오늘날 우리도 실패하고 말 법입니다. 하나님의 성품을 온전히 드러내는 율법이지만 그 법을 지킬 능력이 우리에게 없기 때문입니다. 그래서 여기 하늘을 날아가는 두루마리, 새로운 법이 주어졌습니다. 에스겔 선지자가 들은 예언의 말씀이 성취된 것입니다.

> [26] 또 새 영을 너희 속에 두고 새 마음을 너희에게 주되 너희 육신에서 굳은 마음을 제거하고 부드러운 마음을 줄 것

이며 ²⁷또 내 영을 너희 속에 두어 너희로 내 율례를 행하게 하리니 너희가 내 규례를 지켜 행할지라(겔 36:26).

우리는 하나님의 법을 지킬 능력이 없었습니다. 몰라서 지키지 못하는 게 아니라 할 수 없어서 못했습니다. 또 한 번의 기회가 주어져도 우리는 못할 것입니다. 그런 사실을 하나님도 아셨습니다. 그래서 우리 안에 하나님의 영, 즉 성령을 주기로 하셨습니다. 성령이 우리 안에 들어와 거하시고 변화의 능력을 주시면 '우리는 하나님의 율례를 행하고 규례를 지켜 행할 수 있는 자'가 됩니다.

사랑하는 성도 여러분, 하나님은 여전히 우리에게 기대하십니다. 우리가 참으로 그분의 뜻대로, 그분의 율법대로 살기를 원하십니다. 하나님께서는 율법을 폐기하지 않으셨습니다. 하나님께서 우리에게 원하시는 것은 바뀐 적이 없습니다. 여전히 우리가 올라갈 수 없는 기준을 제시하십니다. 우리를 향한 기대를 포기하지 않으시는 것이지요. 우리는 그런 하나님이 답답할 때가 있습니다. 왜일까요? 우리에게 하나님의 기대를 충족시킬 능력이 없다고 생각하기 때문입니다.

걸을 수 없는 아기에게 걸으라고 하는 것은 사랑이 아니라 폭력입니다. 그런데 하나님께서는 우리의 상태를 우리보다 더 잘 아십니다. 그래서 홀로 걷게 하지 않고 옆에서 사랑의 줄(호 11:4)로 묶어 함께 걷겠다고 말씀하십니다. 너희가 율법을 붙들고 받들고 좇는 것이 아니라 율법이 너희에게 날아가고 들어가고 머물고 너희를 뒤집어엎을 것이라고 말씀하십니다. 율법을 지킬 능력을 우리에게 주시겠다는 말씀입니다.

성령이 성도 속에서 일하시는 시대

새로운 시대가 왔습니다. 십자가에 높이 달리신 예수 그리스도 앞에서 스스로 죄인임을 깨닫는 사람들, 율법 앞에서 무력한 자신을 깨닫는 사람들, 구원이 오직 십자가에서 나를 위해 죽으신 예수 그리스도 안에 있음을 아는 사람들에게 이제는 능력의 성령이 임하여 율법을 행하게 만드시는 시대가 온 것입니다.

우리는 율법을 행할 수 있습니다. 하나님의 뜻대로 살 수 있습니다. 하나님께서 말씀하시는 선한 길을 걷고 선한 일을 할 수 있습니다. 어떻게 그럴 수 있을까요? 성령이 우리 안에 계시기 때문입니다. 그분이 우리 가운데로 들어와 머물며 우리를 뒤집어엎으시기 때문입니다. 우리는 이 점을 신뢰해야 합니다. 성령을 믿어야 합니다. 성령이 함께하시기 때문에 우리는 할 수 있습니다. 성령이 변화시킬 수 있도록 우리는 그분에게 순종해야 합니다.

하늘을 날아가는 거대한 두루마리를 보십시오. 골고다 언덕 위에 높이 세워진 십자가를 보십시오. 그 거대한 사랑과 공의의 두루마리가 오늘 우리에게 이미 들어와 거하고 있음을 믿으십시오. 지금 우리 안에서 무슨 일을 하기 원하는지 물으십시오. 주님께서 주시는 소원에 반응하십시오. 순종하십시오. 분명 이전에 할 수 없는 일들을 하게 될 것입니다. 죄와 싸우며 의를 위해 살게 될 것입니다. 모든 성도들이 성령과 동행하며 살아가기를 축원합니다.

8
에바에 갇힌 여자

(슥 5:5-11)

원인은 바로 너야: 부비동염

오늘 설교 원고를 작성하는데 문득 중학교 시절에 공부했던 영어 독해의 지문 하나가 떠올랐습니다. 지문 전체를 기억하는 것은 아니지만 한번 나누어 보겠습니다.

한 남자가 유럽 여행을 갔습니다. 그는 유럽 도시들의 아름다움에 감동을 받았습니다. 모든 것이 좋았는데 딱 하나 마음에 들지 않는 것이 있었습니다. 도시 곳곳에서 나는 이상한 냄새입니다. 길에서도 났고 관광 명소에 들어갔을 때도 났습니다. 숙소에서도 심지어 식당에서도 났습니다. 남자는 하루 종일 그 냄새 때문에 너무 힘들었습니다.

풍경은 매우 아름답고 사람들도 친절했는데 그 냄새는 점점 더 참을 수 없었습니다. 결국 남자는 여행을 빨리 마치고 집으로 돌아가기로 합니다. 남자는 '이제는 더 이상 그 지긋지긋한 냄새가 나지 않겠지'라는 생각에 행복했습니다. 이윽고 집에 돌아왔습니다. 그런데 집에 들어서는 순간 그 냄새가 또 나는 것을 느꼈습니다. 도대체 무엇이 문제일까요?

지문으로 출제된 문제의 정답을 저는 맞추지 못했습니다. 제가 쓴 답은 '집도 여행지처럼 더러워서'였습니다. 여러분은 정답이 뭐라고 생각하십니까? 정답은 '그 남자의 코에 문제가 있어서'였습니다. 설교를 준비하며 찾아보니 '부비동염'이라는 질병이 있더군요. 코 안에 염증이 생겨서 숨을 들이쉴 때마다 염증 부위에서 나는 냄새를 맡게 되는 병입니다. 그 남자는 부비동염을 앓고 있었던 것입니다. 그래서 어디를 가든 늘 같은 악취를 맡을 수밖에 없었습니다.

남자는 여행지가 문제라고 생각했습니다. 여행지의 사람들이 청결하지 않다고 생각했습니다. 그는 자신이 다니는 지역과 그 지역 사람들을 더럽다고 내내 판단했습니다. 진짜 원인을 찾아내지 못했다면 계속해서 다른 사람들을 판단하고 원망하며 돌아다녔을 것입니다. 진짜 원인은 자신,

바로 자신의 코인데 말입니다.

우리는 스가랴가 본 환상들을 살펴보고 있습니다. 그가 본 여덟 가지 환상들은 지금 성전을 짓고 있는 이스라엘 백성을 진단합니다. 그리고 진단에 근거해 처방합니다. 이스라엘을 회복시키고 격려하며 일으켜 세우려 합니다. 바른 처방은 바른 진단에서 나오고 바른 처방이 환자를 치료하지요. 일곱 번째 환상이 이스라엘을 어떻게 진단하는지, 그리고 이 진단에 근거한 처방이 무엇인지 살펴보며 오늘 우리를 향한 하나님의 진단과 처방을 알아보겠습니다.

에바에 갇힌 여자

일곱 번째 환상은 크게 두 장면으로 나뉩니다. 하나는 에바라는 바구니에 한 여자가 갇히는 장면이고, 다른 하나는 그 여자가 갇혀 있는 바구니를 날개 달린 다른 두 여자가 옮기는 장면입니다. 첫 번째 장면부터 보겠습니다.

> [5] 내게 말하던 천사가 나아와서 내게 이르되 너는 눈을 들어 나오는 이것이 무엇인가 보라 하기로 [6] 내가 묻되 이것이 무엇이니이까 하니 그가 이르되 나오는 이것이 에바이니라 하

시고 또 이르되 온 땅에서 그들의 모양이 이러하니라 7 이 에바 가운데에는 한 여인이 앉았느니라 하니 그때에 둥근 납 한 조각이 들리더라(5:5-6).

'에바'는 성경에서 '바구니'로 번역되는 경우가 있습니다. 이것은 이스라엘의 부피 단위이기도 합니다. 1에바는 우리에게 익숙한 단위로 바꾸면 22리터에 해당합니다. 어느 정도인지 감이 오지 않아 주변에서 비슷한 부피의 물건을 찾아보니 냉온수기 위의 생수통 크기가 20리터 가까이 되더군요. 그보다 좀 더 많은 곡물을 담을 수 있는 바구니가 눈앞에 나타난 것입니다.

"온 땅에서 그들의 모양이 이러하니라"는 표현은 에바가 당시 온 세상에 영향을 미치고 있다는 뜻입니다. 이스라엘이든 이스라엘을 지배하는 페르시아든 주변의 다른 작은 나라든 모두 에바의 영향을 받고 있다는 말입니다. 그 바구니에는 납으로 된 뚜껑이 있었습니다. 그런데 납 뚜껑이 열리면서 한 여자가 나타납니다. 이것이 스가랴가 본 일곱 번째 환상의 첫 번째 장면입니다.

이런 환상을 보면 어떤 생각이 드십니까? 이런 그림을 어떻게 바라보아야 하는 것일까요? 우리는 저마다의 전제와 경험을 가지고 이런 장면을 보고 판단합니다. 스가랴의 환상을 보면서 어떤 사람은 무슨 이유인지는 몰라도 작은 바구니에 갇힌 한 여자가 필사적으로 탈출하려 한다고 생각할지 모르겠습니다. 여자를 불쌍하게 여기고 잘 탈출할 수 있도록 응원하면서 말입니다. 그런데 이 환상은 그렇게 이해해서는 안 됩니다. 과연 '온 세상에 영향을 미치는 에바'가 보여주는 것, 그리고 '그 에바에서 나오려는 여자'는 무엇을 의미할까요?

에바의 의미

먼저 '온 세상에 영향을 미치고 있는 에바'가 무엇을 의미하는지 알아야겠습니다. 스가랴 시대에 '에바'는 단순히 부피 재는 기준이 되는 바구니를 의미하지 않았습니다. 6절의 해석이 관건입니다. 개역개정 성경은 이 구절을 "온 땅에서 그들의 '모양'이 이러하니라"고 쓰고 있습니다. 개역개정은 좋은 한글번역 성경입니다. 하지만 유독 묵시를 다루는 부분에서 오역을 찾아볼 수 있고, 그 오역이 전체 해석의 방향을 바꿀 만큼 치명적이어서 원어에 대한 설명을 자꾸 하지 않을 수 없습니다. 같은 6절이지만 좀 더 원어의 의미를 잘 살린 새번역 성경을 보면 "온 땅에 가득한 죄악을 나타내는 것이라"로 되어 있습니다. 예수님께서 읽고 인용하신 70인역 성경과 아람어로 번역된 탈굼에서도 그렇게 번역하고, 요즘 우리가 읽는 대부분의 영어성경에서도 이 부분을 '모양'이 아니라 '죄악'으로 번역하고 있습니다. 모양으로 번역된 '에남'이라는 단어가 원래는 죄를 의미하는 '에오남'이었는데 옮겨 쓰는 과정에서 실수가 있었고, 실수가 난 사본을 번역해서 생긴 오류라고 합니다. 한마디로 스가랴 시대에 에바는 부정과 부패를 상징하는 물건이었습니다. 구약성경의 여러 본문 중에서 한 본문을 예로 들어보겠습니다.

> 너희가 이르기를 월삭이 언제 지나서 우리가 곡식을 팔며 안식일이 언제 지나서 우리가 밀을 내게 할꼬 에바를 작게 하고 세겔을 크게 하여 거짓 저울로 속이며(암 8:5).

이스라엘 백성의 타락상을 한탄하시는 하나님의 말씀입니다. 이스라엘은 하나님께서 장사하지 말라고 하신 날에 장사하기를 원하고 있습니다. 하나님께서 그으신 선을 넘고 싶어 하는 것입니다. 안식일 규정을 어기려는 것이지요.

이스라엘 백성이 한 술 더 떠서 하는 잘못된 일이 또 있습니다. 그들은 "에바를 작게 하고 세겔을 크게 하여 거짓 저울로 속이[는]" 일을 했습니다. 무슨 말입니까? 부피를 재는 되와 말을 바꾸고, 무게를 재는 추를 거짓으로 만들어 부당하게 이익을 챙기는 상인들을 비판한 것입니다. 이는 이스라엘의 부패와 타락과 탐욕이 어느 정도인지 보여주고 있습니다. '저울을 바꾼다'는 것은 이스라엘이 완전히 타락했음을 의미합니다. 조금씩 도둑질하는 정도가 아니라 아예 기준을 옮기는 행위를 했으니까요. 저울을 믿을 수 없다면 우리는 아무것도 믿을 수 없게 됩니다. 이스라엘의 돈 있고 힘있는 자들이 그들의 부를 더 늘리고자 '기준을 옮기는 죄'를 저지른 것입니다. 이런 죄는 사람들 안에 있는 질서에 대한 기준, "심은 대로 거둔다"는 일반 원리를 못 믿게 만들고, 이런 불신은 결국 모든 것을 주관하시는 하나님의 공의로우심까지 못 믿게 만드는 결과로 이어집니다.

포로지에서 돌아와 하나님의 말씀을 따라 하나님과의 관계를 회복하기 위해 성전을 짓고 있는 이스라엘을 향한 하나님의 준엄한 말씀입니다. 하나님께서는 이스라엘 백성을 이렇게 진단하신 것입니다. "너희는 지금 성전을 짓고 있지만 너희 안에는 여전히 탐욕이 자리하고 있다. 너희는 너희 조상을 망하게 한 원인인 '에바'의 영향력을 여전히 받고 있구나. 너희는 바벨론이라는 외세가 침략해서, 너희의 국력이 약해서 나라가 망했다고 생각하며 외부에서 이유를 찾지만, 너희가 멸망한 진짜 이유는 너희 안에 있는 부정, 즉 기준에 어긋나는 '에바' 때문이었다."

자기 코에서 냄새가 나는 줄도 모르고 여행지와 그곳 사람들을 탓한 남자처럼 이스라엘도 자신들이 멸망한 이유를 끊임없이 외부에서 찾았습니다. 그러나 알고보니 이스라엘의 문제는 그들의 중심에 있는 탐욕과 부정에서 나온 것이었습니다. 기준을 허물어뜨려서라도 자기 이익을 챙기려고 한 마음이 그들이 지금 당하는 비참함의 원인이었습니다.

우리는 이스라엘을 향한 하나님의 진단을 통해 자신을 돌아보아야 합니다. 나의 문제를 나를 제외한 외부에서 끊임없이 찾고 있지 않습니까? 나는 아무런 문제가 없는데 주변이 온통 문제라고 다른 가족이나 이웃, 그리고 시대를 탓하며 책임의 자리에서 물러나 있지 않습니까? 하지만 모든 문제의 원인이 나 자신일 수 있습니다. 내 속에 있는 것이 문제가 되어 사방에 문제가 생긴 것일 수 있습니다. 하나님께서 우리 각 사람에게 주시는 마음에 민감하시기 바랍니다. 내가 바뀌어야 할 수 있습니다. 내가 모든 문제의 원인일 수 있습니다.

에바에 갇힌 여자의 의미

에바의 뚜껑을 밀어 올리며 한 여자가 나오려 한다고 앞에서 말씀드렸습니다. 에바가 이스라엘의 탐욕과 부정을 상징한다면, 여기서 나오려 하는 여자가 누구인지는 아마 짐작되실 것입니다.

> 그가 이르되 이는 악이라 하고 그 여인을 에바 속으로 던져 넣고 납 조각을 에바 아귀 위에 던져 덮더라(5:8).

이 구절에서 그는 '내게 말하는 천사'입니다. 그 천사가 에바에서 나오려 하는 여자를 보는 순간 말합니다. "이는 악이라." 무슨 말입니까? 이 여자가 바로 에바로 온 세상에 죄악을 가득 뿌려놓은 원흉이라는 의미입니다. 이 여자가 이스라엘을 타락하게 만들고 결국 하나님의 심판을 당하게 만든 원인이라는 것입니다. 이제껏 에바 속에 숨어서 사람들의 영혼을 훼손하고 망쳐놓은 그녀가 이제 에바에서 나와 본격적으로 사람들을 미혹하고 멸망시키려 하는 것입니다. 이 여자가 에바에서 나오면 어떻게 될까요? 그나마 있던 기준들도 죄다 무너지고 맙니다. 그나마 사람들이 가지고 있던 양심이나 일말의 죄책감 같은 것도 없어지고 맙니다. 절체절명의 위기입니다.

에바는 탐욕과 부정으로 자기 이익을 챙기려는 인간이 보여준 죄악의 상징입니다. 그렇다면 에바 속에서 이 모든 죄를 만든 여자는 무엇을 의미할까요? 바로 인간 안에 있는 '죄성'을 의미합니다. 세상에는 수많은 죄악이 있고, 죄악은 상황과 때에 따라 다르게 나타납니다. 각 사회마다 상황마다 또는 분위기나 개인 차이에 따라 나타나는 죄의 경향이 다릅니다. 그러나 달라 보이는 모든 죄를 만들어내는 것은 언제나 우리 중심에 위치하고 있는 죄, 기독교에서 말하는 원죄입니다. 하나님을 향한 불순종의 죄 말입니다. 에바에서 나오는 여자는 바로 모든 죄악의 근원이 되는 원죄를 상징합니다.

이 여자가 세상에 나오면 큰일납니다. 이 여자가 직접 세상에 나와 일하고 사람들에게 영향을 미치기 시작하면, 이전과는 비교도 할 수 없을 정도로 비참한 일들이 일어날 것입니다. 그러므로 이 여자가 에바에서 나오지 못하게 해야 합니다. 그런데 이 여자를 에바 속으로 밀어넣고 납으로 된 뚜껑을 덮는 이가 있습니다. 방금 전까지 스가랴 옆에서 친절하게 모든 환상을 설명해주던 '내게 말하는 천사'가 움직인 것입니다. 우리는 잠시나마 안심하게 됩니다. 그러나 불안은 여전히 존재합니다. 에바 속의 여자가 언제든 다시 기회를 만들어 뚜껑을 열고 나올 것만 같기 때문입니다. 다시 뚜껑이 열리면 우리가 이 여자를 감당할 수 없을 것 같기 때문입니다.

에바와 에바 속의 여자, 그리고 천사가 여자를 다시 에바 속에 던져 넣고 납 뚜껑으로 덮는 환상은 '그리스도 이후' 시대를 살아가는 우리에게 무엇을 의미할까요? 우리는 신약의 눈으로도 이 환상을 읽어낼 수 있어야 합니다. 그런 점에서 에바는 우리가 짓고 있는 모든 죄를 가리킵니다. '온 세상에 가득한 에바'는 온 세상에 가득한 죄, 우리가 날마다 경험하고 짓기도 하는 죄악을 말합니다.

사실 우리는 죄를 계속해서 만들고 싶어 하지 않습니다. 죄 없는 세상을 꿈꾸며 이루기 위해 갖은 노력을 합니다. 그런데 문제를 줄여보겠다고 노력할 때마다 실패합니다. 교육도 문화도 법도 과학기술도 죄악의 확산을 막지 못했습니다. 세상은 점점 죄로 물들어 갑니다. 어떤 죄는 줄어든 것 같지만 다른 모양으로 다시 포장되어 인간의 삶에 영향을 미치기도 합니다. 그 이유가 무엇입니까? 죄들 속에는 모든 죄를 만들어내는 '그 죄'가 있기 때문입니다. '그 죄'를 해결하지 않는 한 에바를 아무리 단속해봐야 소용없습니다. '그 죄'를 품고 있는 에바는 반드시 죄를 내놓게 되어 있습니다. 그런데 우리 인간은 '그 죄'와 싸워 이길 수 없습니다. 그 여자의 유혹에 넘어가지 않을 자가 없습니다. 그 여자는 막강한 영향력을 발휘해 우리를 죄 가운데서 살게 만들기 때문입니다. 인간의 모든 노력은 실패했고 앞으로도 그럴 것입니다.

그런데 '그 죄'를 한순간에 다시 에바 속으로 '던져 넣으시는 이'가 있습니다. 에바의 입구를 납 뚜껑으로 덮으신 이가 있습니다. 인간의 모든 죄와 죄의 원인인 원죄를 직접 해결하신 것입니다. 어떻게 말입니까? 하나님의 아들이신 예수 그리스도가 에바와 에바 속의 여자에 해당하는 원죄와 그 원죄가 만들어내는 모든 죄로 인한 심판과 저주를 십자가에서 자신에게 부어버림으로 그렇게 하셨습니다. 에바의 뚜껑이 덮였습니다. 여자는 나가게 해달라고 비명을 지릅니다. 십자가에서 사탄(뱀)의 머리는 깨졌고, 다시는 이전에 가지고 있던 영향력으로 사람들의 영혼을 미혹할 수 없게 되었습니다. 왜입니까? 십자가를 통해 인간의 원죄, 모든 죄를 만들어내는 근원의 죄가 해결되었기 때문입니다. 예수님의 십자가를 통해 우리는 그 여자의 손에서 벗어나게 되었습니다. 더 이상 죄를 짓지 않을 수 있는 자로 새롭게 태어났습니다.

시날 땅으로 옮겨지는 에바

그러고 나서 이 환상의 두 번째 장면이 펼쳐집니다.

> ⁹ 내가 또 눈을 들어 본즉 두 여인이 나오는데 학의 날개 같은 날개가 있고 그 날개에 바람이 있더라 그들이 그 에바를 천지 사이에 들었기로 ¹⁰ 내가 내게 말하는 천사에게 묻되 그들이 에바를 어디로 옮겨 가나이까 하니 ¹¹ 그가 내게 이르되 그들이 시날 땅으로 가서 그것을 위하여 집을 지으려 함이니라 준공되면 그것이 제 처소에 머물게 되리라 하더라 (5:9-11).

학과 같은 날개가 달린 두 여자가 나타났습니다. 그들은 시원한 바람을 일으키며 날아왔습니다. 그들은 여자(죄)가

들어 있는 에바를 들고 하늘로 날아오릅니다. 어디로 가느냐고 물었더니 당시 페르시아의 수도 시날 땅에 에바를 옮겨놓겠다고 그들은 대답합니다. 일곱 번째 환상은 여기서 끝납니다.

하나님께서 에바와 에바 속의 여자를 함께 옮겨버리신 것입니다. 당시 이스라엘의 입장에서 보면 하나님께서 그들에게 "다시는 너희가 이전처럼 탐욕과 부정으로 기준을 바꿔서 사익을 챙기는 죄로 인해 피해를 당하지 않을 것이다"라고 말씀하신 것입니다. 그런 죄를 만들어내는 죄의 근원도 치우시겠다는 뜻입니다. 성전을 재건하는 이스라엘 백성 가운데 거짓 저울을 써서 부당하게 이익을 챙기는 자들을 하나님께서 친히 들어올려 심판의 땅으로 돌려보내시겠다는 경고입니다. 동시에 그런 죄 때문에 피해를 당하고 있던 이들을 향한 위로입니다. "너희는 너희 가운데 부정한 방법으로 사익을 챙기는 자들을 내가 심판할 것임을 믿고 성도다운 삶, 성전을 짓는 삶을 살라"는 명령이기도 합니다. 이스라엘은 하나님의 심판이 확실함을 생각하며 성전 짓기에 충실하면 됩니다.

이제 마지막 질문입니다. 여자가 들어 있는 에바를 저 멀리 있는 시날 땅, 한때 바벨탑이 세워졌던 저주의 땅까지 옮기는 역할을 하는 '학과 같은 날개를 가진 두 여자'는 누구일까요? 그들은 오늘날 우리에게 어떤 의미가 있을까요? 우리는 그들이 하나님께서 부리시는 천사라고 쉽게 생각할 수 있습니다. 그런데 굳이 '학과 같은 날개를 가진'이라는 수식어를 천사에게 붙일 필요가 없습니다. '천사'라는 표현이 이미 스가랴서 곳곳에 나와 있기 때문에 그냥 천사라고 말하면 됩니다. 그런데 본문은 굳이 '학과 같은 날개를 가진 두 여자'라고 이들을 부연 설명합니다. 에바를 옮기는 일을 하는 두 여자에 대해 좀 더 살펴보겠습니다. 9절을 보십시오.

> 두 여인이 나오는데 학의 날개 같은 날개가 있고 그 날개에 바람이 있더라(9절).

일단 그들은 '두 명'입니다. 그들은 날개가 있는데 수많은 새 중에서 굳이 '학과 같은 날개'입니다. 그리고 그 날개에는 '바람'이 들어 있습니다. 스가랴서는 성경의 여러 책 중에서도 특별히 묵시 장르에 속합니다. 그러므로 때로는 스가랴서에 나오는 묘사 하나하나에 담긴 힌트를 따라 말의 의미를 찾아가는 과정이 필요합니다. 오늘날 우리는 잘 모르지만 당시 스가랴서를 읽은 이들은 손뼉을 치며 깨닫는 내용이 많았을 것입니다.

먼저, 왜 두 여자가 나오는 것일까요? 앞서 다섯 번째 환상에서 우리는 '두 감람나무'가 무엇인지를 정리했습니다. 두 감람나무는 이스라엘을 대표하는 스룹바벨과 여호수아입니다. 두 사람이 대표이므로 두 감람나무는 이스라엘 공동체, 즉 구약 시대에 속한 하나님 나라의 백성들을 의미하기도 합니다. 그리고 우리는 '두 증인'의 개념이 성경 전체 묵시의 흐름 속에서 계승되는 것을 볼 수 있습니다. 그리고 마지막에 요한계시록 10장과 11장에서 두 감람나무와 두 증인이 하나로 이어지는 것을 확인했습니다. 두 감람나무, 두 증인, 두 여자는 모두 한 가지를 지칭합니다. 하나님 나라의 백성들, 즉 교회를 말합니다. 예수님을 구주로 고백하는 우리 말입니다.

두 여자는 학과 같은 날개를 달고 있습니다. 왜 하필 학과 같은 날개일까요? '학'을 의미하는 히브리어는 '하시다'

인데, 그 어원을 이스라엘 백성이 가장 좋아하는 단어 '헤세드'에서 찾을 수 있습니다. '무조건적인 사랑' 또는 '하나님의 사랑'을 의미하지요. 그런데 학과 같은 날개는 무엇에 의해 날아오릅니까? 바람입니다. 바람, 영, 생기를 의미하는 단어 '루아흐'는 이스라엘 백성들이 주로 성령을 가리킬 때 사용하는 표현입니다. 이스라엘 백성이 가장 중요하게 생각하는 두 단어 '헤세드'와 '루아흐'가 바로 이 공동체를 설명하는 데 쓰이고 있습니다.

하나님의 무조건적인 사랑을 받는 곳이 어디입니까? 성령이 날아오르시게 하는 곳이 어디입니까? 증인이 되어 하나님께서 행하신 일을 증거해야 하는 곳이 어디입니까? 바로 '교회'입니다. 그 교회가 지금 하나님의 명령을 받아 죄와 그 죄의 근원이 들어 있는 에바를 시날 땅에 옮기는 일을 하고 있습니다. 신약 시대에 이르러 생겨날 완성된 교회, 그리스도의 구속을 경험하고 성령으로 충만해진 교회, 하나님의 큰 사랑을 온전히 경험하고 새로워진 교회가 어떤 일을 할 수 있는지 보여주는 것입니다.

> 그런즉 누구든지 그리스도 안에 있으면 새로운 피조물이라 이전 것은 지나갔으니 보라 새 것이 되었도다(고후 5:17).

사랑하는 성도 여러분, 그리스도 안에 있다면 우리는 새로운 존재입니다. 우리는 지금 새로운 시대에 새로운 존재로 살고 있습니다. 예수님께서 이미 우리 가운데 오셨고, 우리 안에 성령이 거하십니다. 성령이 바람으로 역사하시고, 하나님께서 사랑의 날개를 우리에게 허락하셨습니다. 그래서 우리는 날 수 있습니다. 우리는 우리 안에 있는 '탐욕의 에바'와 싸울 수 있습니다. 심지어 우리 안에서 모든 죄를 만들어내는 '가장 깊은 곳에 있는 죄'와 싸울 수 있습니다.

오늘 우리 안에서 일어나는 죄와 싸우십시오. 우리 밖에서 일어나는 죄를 보며 싸우십시오. 나는 무능해서 이런 죄들과 싸울 수 없다고 말하지 마십시오. 우리는 더 이상 그런 존재가 아닙니다. 스가랴를 통해 보여주시는 이 환상을 생각하십시오. 이 환상을 통해 하나님께서 가르쳐주시는 진리를 확신하십시오. 내 느낌이 아니라 하나님의 말씀, 곧 진리에 근거해 생각하고 행동하십시오. 하나님께서 우리에게 헤세드의 날개, '사랑'의 날개를 주셨습니다. 성령의 바람을 주셨습니다. 이전 것은 지나고 우리는 새 것이 되었습니다. 이제 우리는 성령을 타고 날아오르는 존재입니다. 하나님의 명령을 따라 죄에 맞서 싸워서 승리하는 존재입니다. 진리를 믿으며 다시 믿음의 전장으로 힘있게 나아가는 성도가 되기를 축원합니다. 주님이 주시고 우리가 만들어낸 승리가 삶에 가득하기를 축원합니다.

9
네 병거가 이끄는 전쟁

(슥 6:1-8)

처음과 끝

2015년도에 개봉된 〈암살〉이라는 영화가 있습니다. 독립운동을 소재로 제작된 이 영화는 청룡영화상 최우수작품상과 백상예술대상 작품상을 받았습니다. 역대 대한민국 천만관객 돌파 영화 순위에서 10위를 차지하고 1,200만 명이 넘게 본 영화입니다. 1932년 3월에 실제로 있었던 조선총독 암살 작전을 모티브로 제작되었고 유명 배우들이 총출동했었지요. 영화의 마지막에는 독립운동가들을 배신한 염석진이라는 인물을 처단하는 장면이 나옵니다. 그때 주인공 안옥윤이 염석진에게 묻습니다. "왜 동지를 팔았나?"

염석진은 대답합니다. "몰랐으니까. 해방될 줄 몰랐으니까. 알면 그랬겠나?" 염석진은 정말 대한민국이 해방될 줄 몰랐습니다. 그는 대한민국이 독립국가가 되리라고 생각하지 못했습니다. 그래서 대한민국을 팔았고 독립군을 배신했습니다. 진리를 확신하지 못했던 그는 결국 나라가 독립된 후 엄중한 심판을 받습니다.

오늘을 사는 성도들에게 진리에 대한 확신은 무엇보다 중요합니다. 우리는 매일같이 영적 전쟁 속에서 살아갑니다. 사방에서 우리를 끊임없이 유혹합니다. 조금만 타협하라고, 조금만 더 쉽게 살자고 꼬드깁니다. 우리는 그런 유혹에 대단히 취약합니다. 그래서 꼭 필요한 것이 있습니다. 하나님께서 반드시 이 땅에 다시 오시고 우리를 행위대로 심판하실 것이라는 확신입니다. 이런 확신이 있는 자는 유혹에 쉽게 넘어가지 않습니다. 그러나 확신이 없는 자는 반드시 넘어집니다. 조국이 해방될 것을 믿지 않는 자가 조국을 위해 살 수 없는 것과 같습니다. 조국의 독립을 믿지 않는 자가 어떻게 독립을 위한 싸움을 이어갈 수 있을까요? 그러므로 무언가를 하는 것보다 더 중요한 것이 진리를 믿는 것입니다.

끝까지 이 땅에서 성도로 살기 원한다면, 정말 죄와 싸워 이기는 자, 죄의 유혹으로부터 자기를 지키는 자로 살기 원한다면, 오늘 본문의 환상이 주는 진리를 붙드시기 바랍니다. 바로 최후의 승리에 대한 환상입니다.

이제 스가랴가 마지막으로 본 환상, 즉 여덟 번째 환상 차례입니다. 책이든 영화든 마지막 장면에 중요한 내용이 나올 때가 많은데 오늘 본문도 그렇습니다. 마지막 환상인 만큼 강력합니다. 이 강력한 환상이 주는 교훈이 무엇인지 살펴보겠습니다.

마지막 환상: 네 병거

> ¹ 내가 또 눈을 들어 본즉 네 병거가 두 산 사이에서 나오는데 그 산은 구리 산이더라 ² 첫째 병거는 붉은 말들이, 둘째 병거는 검은 말들이, ³ 셋째 병거는 흰 말들이, 넷째 병거는 어룽지고 건장한 말들이 메었는지라(6:1-3).

마지막 환상은 아주 간단합니다. 네 가지 색의 말들이 끄는 네 병거가 거대한 두 구리 산 사이에서 달려 나오고 있습니다. 이 장면이 스가랴와 이스라엘의 눈에는 어떻게 보였을까요? 이 장면의 의미는 무엇일까요? 다른 환상은 뒤에 나오는 '내게 말하는 천사'의 설명을 들어야 그 의미를 알 수 있었습니다. 그러나 이 장면에서는 설명을 듣기 전에 이미 한 가지 사실을 떠올릴 수 있습니다. 전쟁이 시작되었다는 것입니다. 병거는 전쟁 무기입니다. 첫 장면부터 말이 끄는 전쟁 무기가 등장합니다. 게다가 병거를 끌고 있는 말들을 보니 전부 다 건장합니다.

각각 붉은 말, 검은 말, 흰 말입니다. 마지막 네 번째 말은 '어룽지고 건장한 말'입니다. 어룽졌다는 것은 얼룩무늬가 있다는 뜻입니다. '건장한'이라고 번역된 '아무쩜'이라는 히브리어는 마지막 네 번째 병거를 멘 말들뿐만 아니라 앞에 나온 모든 말의 건강 상태를 표현하고 있습니다. 7절을 보면 '건장한'이라고 번역된 '아무쩜'이 달려 나가는 모든 말을 가리키고 있음을 알 수 있습니다.

> 건장한 말은 나가서 땅에 두루 다니고자 하니 그가 이르되 너희는 여기서 나가서 땅에 두루 다니라 하매 곧 땅에 두루 다니더라(7절).

모든 말을 전장에서 쓸 수 있는 것은 아닙니다. 전장에서 적을 향해 돌격하는 말은 훈련을 받아야 합니다. 무거운 병거를 메고 달려야 하기 때문에 덩치가 크고 힘이 좋아야 합니다. '아무쩜'은 주로 이런 군용 말을 수식하는 표현입니다. 지금 환상에 등장하는 말들은 전부 전장에 내보내기 위해 키우고 훈련시킨 말입니다. 이 말들이 뒤에 사람을 태울 수 있는 전투용 수레를 달고 어딘가를 향해 먼지를 일으키며 달려가고 있습니다. 지금 전쟁이 벌어진 것입니다.

왕의 돌격 명령을 받은 병거

무슨 전쟁일까요? 이 전쟁에서 어떤 일이 일어나는 것일까요? 어디를 향한 돌격일까요? 스가랴에게 왜 이런 환상을 보여주시는 것일까요? 스가랴는 '내게 말하는 천사'에게 지금 자신이 보고 있는 장면을 설명해달라고 청합니다.

> 천사가 대답하여 이르되 이는 하늘의 네 바람인데 온 세상의 주 앞에 서 있다가 나가는 것이라 하더라(5절).

천사는 네 가지 색의 말들이 끌고 달리는 병거를 '하늘의 네 바람'이라고 소개합니다. '하늘의 네 바람', 즉 여호와 하나님 앞에 있다가 명령을 받고 출격하는 이들을 천사라고 보는 것이 가장 전통적인 해석입니다. 시편 104편은 천지를 지으신 여호와 하나님께서 이 땅을 어떻게 다스리시는지 보여줍니다. 그중에서 3절과 4절을 보십시오.

> ³ 물에 자기 누각의 들보를 얹으시며 구름으로 자기 수레를 삼으시고 바람 날개로 다니시며 ⁴ 바람을 자기 사신으로 삼으시고 불꽃으로 자기 사역자를 삼으시며(시 104:3-4).

하늘의 네 바람, 즉 천사들이 지금 어떤 명령을 받아 완전히 무장한 채 움직이고 있습니다. 이것은 당시 성전을 짓고 있는 이스라엘에게 어떤 의미가 있었을까요?

네 종류의 말들이 어디에서 나왔는지, 그들이 나온 곳을 뭐라고 부르는지에 힌트가 있습니다. 그들은 '두 구리 산 사이'에서 나왔습니다. '내게 말하는 천사'는 그들이 "온 세상의 주 앞에 서 있다가" 나왔다고 했습니다. 그렇다면 두 구리 산은 무엇을 의미할까요? 많은 해석들 가운데 저는 지금 이스라엘 백성이 하고 있는 일과 관련지은 해석이 가장 좋다고 생각합니다. 그들은 지금 성전을 짓고 있습니다. 그러므로 성전과 관련해 본문의 환상을 해석해야 합니다. 그런 의미에서 '두 구리 산'과 유사한 것으로 성전 앞에 서 있는 두 기둥 야긴과 보아스를 떠올려볼 수 있습니다. 역대하 3장에 나오는 솔로몬 성전의 건축 장면으로 가보겠습니다.

> ¹⁵ 성전 앞에 기둥 둘을 만들었으니 높이가 삼십오 규빗이요 각 기둥 꼭대기의 머리가 다섯 규빗이라 ¹⁶ 성소같이 사슬을 만들어 그 기둥 머리에 두르고 석류 백 개를 만들어 사슬에 달았으며 ¹⁷ 그 두 기둥을 성전 앞에 세웠으니 왼쪽에 하나요 오른쪽에 하나라 오른쪽 것은 야긴이라 부르고 왼쪽 것은 보아스라 불렀더라(대하 3:15-17).

솔로몬 왕은 성전을 완공한 후 성전 앞에 구리로 만든 두 기둥을 세웁니다. 그리고 그 기둥에 '야긴'(그가 세운다)과 '보아스'(그에게 능력이 있다)라는 이름을 붙입니다. 성전을 짓고 보니 성전을 세운 것은 사람이 아니라 하나님이시고, 성전을 지키는 능력도 사람이 아닌 하나님께만 있음을 깨달았기 때문입니다. 구리로 만든 두 기둥을 세우고 각각 야긴과 보아스라고 명명한 것은 하나님께서 시키신 일이 아니라 솔로몬이 성전을 지으면서 깨달은 진리를 표현한 것입니다. 하나님의 집인 성전의 모든 것을 하나님께서 세우고 지키심을 깨달은 자의 신앙고백과 같습니다. 아무튼 성전 앞에 세운 두 기둥은 '온 세상의 주 앞'을 의미하게 되었습니다.

스가랴 당시 이스라엘 백성에게 필요한 것은 그들이 짓고 있는 성전이 여호와의 것이라는 확신이었습니다. 그 성전을 통해 여호와께서 그들 가운데서 위대한 일을 행하실 것에 대한 신뢰였습니다.

지금 스가랴의 환상 속에서 성전이 완공되고, 그 성전에서 하나님의 군대가 나와 세상을 향해 돌진하고 있습니다. 오랫동안 이스라엘을 압제하고 있는 이방 땅을 심판하기 위해 하나님의 군대가 출격한 것입니다. 그 장면을 본 스가랴는 이런 생각이 들지 않겠습니까? '아, 성전을 건축하는 일이 무의미한 일이 아니구나. 우리가 지은 성전이 정말 하나님께서 이 땅을 통치하시는 처소가 되는구나. 성전이 완공되면 하나님께서 압제당하는 그분의 백성들을 위해 전쟁을 시작하시겠구나.' 스가랴를 통해 환상이 전하는 메시지를 들은 이스라엘은 계속해서 성전을 지어나갈 수 있는 힘을 얻었습니다.

어디를 향해 나가는가?

주 앞에 서 있다가 출격한 군대는 구체적으로 어디를 향하고 있을까요? 그들의 공격 목표가 무엇인지 보겠습니다.

> ⁶ 검은 말은 북쪽 땅으로 나가고 흰 말은 그 뒤를 따르고 어룽진 말은 남쪽 땅으로 나가고 ⁷ 건장한 말은 나가서 땅에 두루 다니고자 하니 그가 이르되 너희는 여기서 나가서 땅에 두루 다니라 하매 곧 땅에 두루 다니더라(6-7절).

네 가지 색의 말이 끄는 병거가 등장하고, 병거 끄는 자들을 '하늘의 네 바람'이라고 불렀으니 왠지 네 병거가 동서남북 사방으로 달려갈 것 같다는 생각이 듭니다. 하나님의 통치가 온 세상에 퍼져나가는 그림이 떠오르면서 말입니다. 하지만 막연한 추측과 상식에 기대어 성경을 읽으면 안 됩니다. '네 말이 있고 네 바람이 있으니 사방으로 나가겠지' 하고 기계적으로 속단해버리면 안 됩니다. 우리는 어떤 편견이나 습관 없이 성경 본문 자체를 꼼꼼히 읽어야 합니다. 성경은 기록된 본문 자체를 기준으로 이해해야 하는 책입니다.

본문을 보면 검은 말은 북쪽 땅으로 가고 흰 말은 검은 말의 뒤를 따릅니다. 어룽진 말은 남쪽으로 갔습니다. 이 장면은 이스라엘에게 크나큰 위로의 메시지를 담고 있습니다. 이스라엘은 이미 두 차례에 걸쳐 멸망을 경험했습니다. 하나는 앗수르에 의한 북이스라엘의 멸망이고, 다른 하나는 바벨론에 의한 남유다의 멸망입니다. 이 두 번의 멸망에 크게 기여한 나라가 애굽입니다. 이스라엘에게 어려운 일이 발생하면 도와주겠다고 약속했다가 막상 제국이 침략했을 때 도와주지 않았기 때문입니다. 이스라엘의 원수 앗수르와 바벨론은 지리상 예루살렘 북쪽에 있습니다. 보호해주겠다는 약속을 지키지 않은 애굽은 예루살렘 남쪽에 있습니다. 지금 하나님의 군대가 북쪽과 남쪽에 있는 원수의 나라를 향해 출격하고 있는 것입니다.

여기까지만 봐도 이스라엘은 위로를 받습니다. 그런데 이 환상 속에는 또 다른 위로가 있습니다. 가장 첫 번째로 등장했던 '붉은 말이 끄는 병거'가 어디를 향해 갔다는 말이 나오지 않는 것에 유의하시기 바랍니다. '붉은 말이 끄는 병거'는 어디에 있는 것일까요? 움직이지 않았다면 처음 있던 자리에 있는 것입니다. 붉은 말이 이끄는 병거는 완성된 성전을 상징하는 두 구리 기둥 사이에 서 있습니다. 그 병거에 타신 이가 누구입니까? 여호와 하나님이십니다. 이것이 이 환상이 주는 두 번째 위로입니다. 여호와께서 이제 이스라엘이 짓게 될 성전에 임하여 거하시고, 이스라엘 백성과 함께하며 그들을 지키시겠다는 의미이기 때문입니다.

우리 중심에 '하나님을 만나는 성전'을 온전하게 짓게 된다면 어떤 일이 일어날까요? 하나님께서 바로 '그 성전', 우리가 보기에는 한없이 초라한 그곳에 임하십니다. 하나님께서 별 볼 일 없는 내 삶을 다스리십니다. 내 마음과 입에서 나오는 말을 지키십니다. 내 가정을 돌보십니다. 임재하심으로 친히 백성들의 필요를 채우시는 것처럼 우리 삶에 개입하십니다. 그뿐만이 아닙니다. 하나님께서 내 앞에서 적들과 싸우십니다. 나로 하여금 하나님 뜻대로 살지 못하게 만드는 것들을 향해 군대를 보내십니다. 나를 반복적으로 넘어지게 하는 것과 환경과 죄악된 습관과 싸우십니다. 하나님의 군대는 건장한 말들이 끄는 병거입니다. 그 무엇도 이 병거를 이길 수 없습니다. 하나님께서 나서신 전쟁이므로 반드시 승리하실 것입니다. 대적이 패배하는 것을 우리는 보게 될 것입니다. 우리가 하나님과 만나는 장소, 즉 성전을 우리 중심에 세운다면 말입니다.

우리는 약하고 우리를 공격하는 세상의 힘은 강력합니

다. 게다가 그 수도 많습니다. 그것들 하나하나와 싸워서 이기기란 불가능해 보입니다. 앗수르와 바벨론과 애굽 앞에서 맥없이 스러진 이스라엘처럼 말입니다.

그런데 이스라엘이 하나님의 성전을 지을 때, 하나님께서 직접 나서서 앗수르와 바벨론과 애굽과 싸우십니다. 성도 여러분, 수많은 일들을 해결하기에 바빠 하나님과 만나는 우리 마음의 성전을 소홀히 하지는 않으셨습니까? 하나님을 만나는 시간이 소홀해지지는 않으셨습니까? 이것저것 필요한 것을 다 지어 올렸는데 막상 성전만 없는 것은 아닙니까?

첫 번째 환상과 마지막 환상의 차이점

네 병거의 환상은 사실 이 환상 하나만 보고 해석해서는 안 됩니다. 네 병거의 환상과 유사한 네 말의 환상이 첫 번째 환상으로 제시되었기 때문입니다. 이 책의 서두에서도 말씀드렸고 마지막 장에서도 한번 더 정리하겠지만, 스가랴가 본 여덟 가지 환상은 각각 짝을 이루는 구조로 되어 있습니다. 마지막 네 병거의 환상과 첫 번째 네 말의 환상에서 그 짝이 가장 선명하게 드러납니다.

첫 번째 환상이 무엇이었습니까? (예, 기억나지 않는 것이 맞습니다.) 네 말의 환상이고 동시에 '붉은 말을 탄 자'의 환상입니다. 두 환상을 보면 등장인물은 비슷한데 분위기가 완전히 다릅니다. 그 차이를 중심으로 본문을 살펴보겠습니다.

첫 번째 환상은 매우 어둡고 슬픈 분위기입니다. 일단 배경이 어두운 밤 골짜기 한복판에 있는 화석류 나무입니다. 화석류 나무는 이스라엘 백성을 상징한다고 말씀드렸습니다. 질긴 생명력으로 버티고는 있지만 흔하고 별 볼 일 없는 나무입니다. 게다가 그들은 지금 골짜기에서 깊은 밤과 같은 시간을 보내고 있습니다. 포로지에서 돌아오기는 했지만 겨우 하루하루를 사는 비참한 인생들입니다.

물론 그들에게도 위로가 있습니다. 화석류 나무 사이에 '붉은 말을 탄 자'가 찾아와 서 있기 때문입니다. 그분은 구약성경에 나타난 성자 하나님, 즉 예수님입니다. 예수님께서 고통당하는 이스라엘 백성들 가운데로 오셨습니다. 그분은 이스라엘의 상황을 아십니다. 그리고 이스라엘의 회복을 계획하십니다. 어떻게 하면 이스라엘을 깊은 밤 어두운 골짜기에 있는 화석류 같은 상황에서 건져낼지 계획하십니다.

그러나 첫 번째 환상에서 우리는 답을 찾지 못했습니다. '붉은 말을 탄 자'가 온 땅을 정탐하라고 '다른 말 탄 자들'을 보냈는데, 그들이 온 세상이 평안하다고 보고했기 때문입니다. 평안하다는 것은 일반적으로 좋은 소식이지만 지금 이스라엘에게는 비통한 소식입니다. 하나님의 백성을 핍박하는 악의 세력이 평안하게 잘살고 있고, 특별한 변화 없이 이 상태가 지속될 것 같다는 보고이기 때문입니다. 세상이 뒤집혀야 하는데 그럴 기미가 전혀 없는 것입니다. '내게 말하는 천사'가 탄식하듯 하나님께 묻습니다.

> 만군의 여호와여 여호와께서 언제까지 예루살렘과 유다 성읍들을 불쌍히 여기지 아니하시려 하나이까 이를 노하신 지 칠십 년이 되었나이다(슥 1:12).

하나님께서 노하여 이스라엘 백성들을 치신 지 70년이나 지났으니 이제는 제발 불쌍히 여겨달라는 간구입니다. 하나님께서 이 탄식을 듣고 이스라엘을 향해 회복 계획을 말씀하시며 첫 번째 환상이 끝납니다.

그리고 지금 마지막 환상이 펼쳐집니다. 일단 이스라엘 백성들은 더 이상 '어두운 밤 골짜기'에 있는 화석류 나무가 아닙니다. 그들은 '두 구리 산' 사이에 있습니다(6:1). 화석류 나무가 있던 어두운 골짜기가 이스라엘의 비참한 상태를 보여준다면, 6장 1절에 배경으로 등장하는 구리 산은 성전의 두 기둥인 야긴과 보아스를 상징합니다. 이스라엘이 그 구리 산 사이에 있다는 것은 그들이 영적으로 회복되었음을 보여줍니다. 성전을 회복한 하나님의 백성, 하나님과 관계가 회복된 백성은 더 이상 비참한 상태에 있는 화석류 나무가 아닙니다. 이제 그들은 구리 산 사이에서 보호받는 존재입니다. 무엇으로도 부술 수 없이 견고한 성전의 보호 아래에 있습니다.

이 구리 산 사이에서 하나님의 군대가 출정하고 있습니다. 첫 번째 환상인 '네 말의 환상'에서는 세상에 아무 일도 일어나지 않았습니다. 하나님의 백성을 핍박하는 악한 자들이 평안하고 조용하게 살고 있어 이스라엘을 오히려 복장 터지게 했습니다. 그런데 마지막 환상인 '네 병거의 환상'에서는 세상이 평안하거나 조용하지 않습니다. 말발굽 소리와 병거 달리는 소리가 납니다. 병거가 적들을 향해 달려갑니다. 곧이어 세상은 곡소리를 낼 것입니다. 모든 것이 뒤집힐 것입니다. 하나님께서 심판하시는 때이기 때문입니다. 여덟 번째 환상은 단지 하나님을 향한 탄식과 그분의 계획을 발표하는 것으로 끝나지 않습니다.

> 그가 내게 외쳐 말하여 이르되 북쪽으로 나간 자들이 북쪽
> 에서 내 영을 쉬게 하였느니라 하더라(6:8).

지금 북쪽과 남쪽으로 병거를 보낸 이, 즉 붉은 말을 탄 자가 외칩니다. "그들이 내 영을 쉬게 하였다!" 이 말은 전쟁에서 이겼다는 뜻입니다. 적들을 물리쳤다는 것이지요. 새번역 성경은 이것을 "북쪽 땅으로 나간 말들이 북쪽 땅에서 내 마음을 시원하게 하였다"라고 번역합니다. 답답하던 마음이 시원하게 뚫렸다는 말입니다. 이스라엘에 두 번이나 멸망을 안겨준 악의 세력을 멸하심으로 자기 백성 가운데 거하며 지키시는 이가 기뻐서 외치는 소리입니다.

이것은 성전을 다 짓고 나면 생길 일에 대한 예고편입니다. 성전을 짓고 있는 이스라엘은 처음에는 어두운 밤 골짜기에 있는 화석류 나무였는데, 지금은 두 구리 산 사이에서 보호받는 하나님의 군대가 되어 있습니다. 처음에는 아무런 변화가 없었는데 지금은 모든 것이 달라졌습니다. 처음에는 탄식 소리가 들렸지만 지금은 기쁨과 승리의 외침이 울려 퍼집니다.

마지막 환상은 처음 환상과 비슷한 듯해도 그 내용이 완전히 다릅니다. 그러한 변화가 성전을 통해 일어날 것입니다. 무엇이 이 모든 변화를 만들어낼까요? 두 번째부터 일곱 번째까지의 환상들이 이 변화를 만들어냅니다. 어떤 환상들입니까? 환상을 일일이 다 기억하지 못해도 괜찮습니다. 세부 사항을 빠짐없이 이해하기보다 이 모든 환상을 이끌어가는 주인공을 기억하는 것이 더 중요합니다.

누가 예루살렘의 회복을 위한 측량줄을 잡고 있습니까? 누가 성곽 없는 예루살렘의 불 성곽이 되어줍니까? 누가 예루살렘을 향해 돌진하는 네 뿔을 부숴버리는 네 대장장이를 보냅니까? 누가 여호수아의 더러운 옷을 벗기고 아름다운 옷으로 갈아입힙니까? 누가 우리에게 이전에 본 적 없는 영원히 꺼지지 않는 순금 등잔대를 소개합니까? 누가 날아가는 두루마리가 되어 골고다 언덕에서 십자가에 달립니까? 누가 우리 마음속의 에바와 에바에서 나오려는 여자를 못 나오게 하고 멀리 치워버립니까?

스가랴가 본 모든 환상의 중심에는 늘 그분이 있습니다. 다양한 이름으로 불리지만 그분은 늘 그 자리에 있습니다. 그 모든 일을 가능하게 만들고 있습니다. 그 모든 일이란 '이미' 그리스도의 십자가로 우리 가운데 임한 사건을 말합니다. 예수님의 죽으심과 다시 사심, 그리고 성령을 보내심은 우리의 존재 전체를 뒤집어엎는 사건이었습니다. 그 모든 일들로 인해 어두운 밤 골짜기의 화석류 나무 같던 우리는 하나님의 성전 앞 두 구리 산 사이에서 보호받는 하나님의 군대가 되었습니다. 지금 만들어가는 것이 아닙니다. 만들어질 것도 아닙니다. 그리스도가 '이미' 그렇게 만드셨습니다. 예언은 '이미' 성취되었습니다. 우리는 '이미' 구리로 만든 견고한 산 사이에 서 있는 하나님의 군대입니다.

최후 승리를 얻기까지

이 위대한 환상은 이후에 요한계시록에서 또 한번 등장합니다. 이미 승리하셨기 때문에 요한계시록에서 예수님은 백마를 타고 등장하십니다. 그리고 이 땅에서 마지막 전쟁을 치르고 승리하시며 역사가 종결됩니다.

> [11] 그들에게 왕이 있으니 무저갱의 사자라 히브리어로는 그 이름이 아바돈이요 헬라어로는 그 이름이 아볼루온이더라 [12] 첫째 화는 지나갔으나 보라 아직도 이 후에 화 둘이 이르리로다 [13] 여섯째 천사가 나팔을 불매 내가 들으니 하나님

앞 금 제단 네 뿔에서 한 음성이 나서 ¹⁴ 나팔 가진 여섯째 천사에게 말하기를 큰 강 유브라데에 결박한 네 천사를 놓아 주라 하매(계 19:11-14).

우리는 이 모든 이야기의 결말을 알고 있습니다. 우리는 미래를 모르는 자들이 아닙니다. 하나님께서 반드시 승리하실 것을 우리는 알고 있습니다. 하나님께서 그분의 백성들 가운데 어떤 일을 행하실지 알고 있습니다. 하나님께서 자기 백성을 공격하는 이들과 악의 세력 및 악 자체를 어떻게 하실지 명확히 알고 있습니다. 하나님께서 공의로 모든 것을 심판하십니다. 그래서 우리는 잠깐의 이익을 위해 영원한 승리를 포기하지 않습니다.

성도 여러분, 왕이 오십니다. 왕이 군대와 함께 오십니다. 그분이 칼을 꺼내 드십니다. 그분이 돌격을 명하십니다. 그리고 온 세상이 완전히 새롭게 됩니다.

우리는 '이 진리를 아는' 자들입니다. 하나님의 성전 앞에 세워진 견고한 구리 기둥 야긴과 보아스 사이에 선 자들입니다. 우리는 그 누구도 부술 수 없는 구리 산의 보호를 받습니다.

사랑하는 성도 여러분, 더 이상 세상을 두려워하지 마시기 바랍니다. 견고한 진리에 여러분의 생각과 느낌을 복종시키시기 바랍니다. 우리의 자녀 된 신분을 누구도 무엇도 빼앗을 수 없음을 반복해서 생각하시기 바랍니다. 죽음도 하나님의 백성이 가진 확신을 흔들 수 없음을 주장하시기 바랍니다. 최후 승리의 날, 우리 주님께서 백마를 타고 하늘의 군대와 함께 돌격하시는 그날까지 이 진리를 붙들고 주님 편에 서서 주님과 함께 이 땅에서 싸우는 귀하고 복된 하나님의 군대가 되기를 축원합니다.

3부
구약에 나타난 예수 그리스도

10
'싹'이라는 이름의 왕

(슥 6:9-15)

너희는 내게로 돌아오라

지금까지 스가랴서 전반부(1-6장)에 나오는 여덟 가지 환상과 그 의미를 살펴보았습니다. 이 장에서는 그 모든 환상을 마무리하며 환상의 결론이 무엇인지 나누고자 합니다. 환상들 하나하나의 의미를 아는 것은 물론 중요합니다. 그러나 환상들 전체가 어디를 향하고 있는지 아는 것이 더욱 중요합니다. 그런 의미에서 이 장은 스가랴 1장부터 6장까지 복습한다는 마음으로 말씀을 대하시면 좋겠습니다.

가장 먼저 생각해볼 것은 스가랴가 예언을 시작한 때입니다.

다리오 왕 제이년 여덟째 달에 여호와의 말씀이 잇도의 손자 베레갸의 아들 선지자 스가랴에게 임하니라 이르시되 (1:1).

다리오 제2년 6월 24일에 성전 재건이 시작됩니다(학 1:5). 학개의 두 번째 예언은 한 달여가 지난 7월 21일에 선포됩니다(학 2:1). 성전의 기초가 놓이고, 일부 사람들이 예전 솔로몬 성전의 규모를 기억하며 지금 재건되고 있는 성전을 보잘것없게 여긴 때입니다(학 2:3). 백성들의 성전 재건 의욕이 꺾일 수 있는 그 상황에서 학개는 성전 재건을 독려하는 말씀을 전했고, 한 주가 지나 스가랴도 이렇게 예언한 것입니다. 예언의 핵심은 스가랴 1장 3절에 나옵니다.

그러므로 너는 그들에게 말하기를 만군의 여호와께서 이처럼 이르시되 너희는 내게로 돌아오라 만군의 여호와의 말이니라 그리하면 내가 너희에게로 돌아가리라 만군의 여호와의 말이니라(1:3).

만군의 여호와의 말씀입니다. 하나님을 '만군의 여호와'로 세 번이나 소개한다는 것은 이 예언이 그만큼 무게가 있다는 의미입니다. 만군의 여호와께서 "너희는 내게로 돌아오라"고 말씀하십니다. 그래야 "내가 너희에게로 돌아가리라"고 말씀하십니다. 이스라엘 백성들은 70년 만에 예루살렘으로 돌아왔지만 마음은 돌아오지 않았습니다. 그들은 예루살렘에 있으면서도 16년이 지나도록 성전을 짓지 않고 내버려두었습니다. 그런 이들이 지금 성전을 다시 짓기 시작합니다. 성전의 기초를 쌓았습니다. 이제 그 위로 건물이 올라가면 됩니다.

그런 시점에서 하나님께서 이스라엘을 향해 다시 말씀하십니다. "너희는 내게로 돌아오라." 성전을 다시 짓기 시작했지만 이스라엘의 마음이 아직 돌아오지 않았음을 지적하시는 것입니다. 하나님께서는 이스라엘이 눈에 보이는 성전을 재건하는 것으로 그들이 할 바를 다했다고 생각하지 않으십니다. 더 중요한 성전의 재건에 대해 말씀하기 원하십니다. "너희는 눈에 보이는 성전을 지어라. 그 성전을 지으며 너희 마음도 죄에서 돌이켜라. 그래야 내가 너희 가운데로 돌아갈 것이다. 이름만 성전인 껍데기 건물을 짓지 말고 너희 마음이 담긴 성전을 지으라!"

우리는 이 명령에 담긴 의미를 충분히 이해할 수 있습니다. 성경에서 자주 사용되는 비유를 들자면 하나님은 이스라엘의 남편이고, 이스라엘은 외도하는 아내입니다. 애인과 눈이 맞아 가출한 아내는 이런저런 어려움을 당하다가 남편의 은혜로운 권유로 다시 가정에 돌아왔습니다. 그런데 문제가 아직 남아 있습니다. 아내가 집에 돌아오기는 했지만 마음은 애인에게 가 있기 때문입니다. 아내를 몹시 사랑하는 남편은 마음이 딴 데 가 있는 아내에게 계속해서 말합니다. "제발 내게로 돌아오시오!" 이것은 몸은 돌아왔지만 마음은 여전히 먼 데 있는 이스라엘을 향한 하나님의 초청입니다. 하나님과 교제하는 장소인 성전을 짓는 이스라엘이 단지 건물만 짓지 않고 하나님과의 진정한 교제를 회복하기를 바라시는 것입니다. 성전을 짓는 동기가 하나님을 사랑하는 데 있기를 원하십니다.

이스라엘은 하나님의 말씀을 듣고 속이 뜨끔했을 것입니다. 마음이 딴 데 가 있는 것을 들켰기 때문입니다. 하나님을 위해 성전을 짓느라 분주한 것 같지만 마음속은 딴생각으로 가득한 것이 들통났기 때문입니다. 스가랴 선지자를 통해 "내게로 돌아오라"는 말씀을 들은 그들은 다시 정신을 차리고 마음을 담아 성전을 짓고자 합니다. 그들이 하나님께로 돌아가고, 하나님께서 그들 가운데로 돌아와 그들을 지켜주시기를 바라는 마음이 있었기 때문입니다. 그들은 나름대로 노력합니다. 그리고 몇 개월이 지났습니다.

환상과 그 구조

하나님께서 스가랴에게 두 번째로 찾아오셨습니다. 그리고 여덟 가지 환상을 보여주며 이스라엘에게 전하라고 이르십니다. 그때가 11월 24일입니다. "내게로 돌아오라"는 첫 번째 말씀이 임하고 나서 4개월이 조금 안 된 시점입니다. 성전의 기초 공사가 끝나고, 그 위로 자재들이 올라가기 시작한 때입니다.

건축이 진행될수록 사람들은 마음이 불안해졌습니다. 그들이 새로 짓고 있는 성전이 이전의 솔로몬 성전과 비교해서 너무나 부실해 보였기 때문입니다. 그들이 생각하기에 온 세상을 창조하고 다스리는 하나님께서 거하시기에 그들이 짓고 있는 건물은 초라하기만 했습니다. 그들의 마음에 낙심과 무기력이 밀려왔습니다. 이쯤에서 성전 짓기를 포기하고 싶어집니다. 어차피 되지 않을 일을 시작한 것만 같아 후회가 듭니다. 그러면서 성전 건축은 다시 중단될 위기에 처합니다.

저는 이런 어려움이 "내게로 돌아오라"는 하나님의 말

씀에 이스라엘이 건성으로 반응했기 때문에 생겼다고 생각하지 않습니다. 그들은 정말 '남편'에게 돌아오고 싶었을 것입니다. 자꾸 떠오르는 옛 애인 생각을 접으려고 노력했을 것입니다. 나를 사랑하고 나와 함께하기 원하는 남편만을 사랑하고 마음에 두며 살고 싶었을 것입니다. 문제는 그것이 생각대로 안 된다는 데 있습니다. 겉으로야 달라진 모습을 보일 수 있습니다. 남편을 보며 미소지을 수 있지요. 그런데 속마음까지는 아닙니다.

이것은 그들의 조상들도 실패한 일입니다. 그들 중에 수많은 선지자들과 성령 충만한 하나님의 사사와 왕들이 있었지만 조상들도 진정으로 하나님께 돌아가지 못했습니다. 지금 그들의 자손 이스라엘도 마찬가지입니다. 여호와께 돌아가고 싶지만 지난 4개월을 돌아보니 차마 돌아갈 수 없습니다. 자꾸 옛 애인이 생각납니다. 귓가에 옛 애인의 목소리가 들립니다. 그 유혹에서 벗어나기가 어렵습니다. 마음과는 달리 여호와께로 돌아갈 수 없는 자신을 발견한 이스라엘은 절망했습니다. 성전을 다 지어도 그곳에 여호와께서 임하지 않으실 것만 같습니다. 성전을 짓는 그들의 마음이 이미 오염되어 있음을 느끼기 때문입니다. 낙심이 드니 더는 성전을 지을 힘도 의욕도 나지 않습니다.

바로 그런 상태에 빠진 이스라엘에게 스가랴를 통해 우리가 지금까지 살펴본 여덟 가지 환상이 임합니다. 그 환상을 표로 정리해보았습니다.

  A 붉은 말을 타고 화석류 나무 사이에 선 자
    B 네 뿔과 네 대장장이
      C 측량줄을 잡은 사람
        X 대제사장을 위한 아름다운 옷
        X′ 순금 등잔대와 두 감람나무
      C′ 날아가는 두루마리
    B′ 에바에 갇힌 여자
  A′ 네 병거를 끄는 말들

표에서 보듯이 환상들은 짝을 이루며 무엇인가를 반복적으로 보여주고 있습니다. 환상에 대한 세밀한 묘사를 하나하나 기억하지 않아도 됩니다. 다만 이 모든 환상에 공통점이 있다는 사실을 기억하시기 바랍니다. 하나님께서 우리 가운데 들어와 우리를 지키시고, 우리를 위해 계획하시고, 그 계획을 이루어 우리를 바꾸시며, 새로운 시대를 열어 그 속에서 살게 하신다는 것입니다.

이 환상들을 보여주기 4개월 전에 하나님께서는 이스라엘을 향해 "내게로 돌아오라"고 말씀하셨습니다. 이후로 4개월 동안 이스라엘은 여호와께 돌아가려고 노력했습니다. 그런데 그들은 그 시간을 통해, 그리고 평생을 통해 정확히 알았습니다. 여호와께 돌아가고 싶어도 그럴 능력이 자신들에게 없다는 것을 말입니다. 그들은 완전히 낙심해 있습니다. '이럴 바에야 성전도 짓지 말자. 형식이 뭐가 필요하냐. 다시 집을 나가버릴까?' 하는 생각까지 하고 있습니다.

그런 이들을 향해 하나님께서 환상을 보여주십니다. 한밤중 골짜기의 별 볼 일 없는 화석류 나무 같은 그들을 누구보다 잘 아시는 하나님께서 다가와 그들 가운데 서십니다. 그리고 그들을 위해 직접 모든 일을 행하는 것을 보여주십니다. 그들이 돌아오지 않았어도 그들 가운데로 들어가 위대한 구원의 역사를 이루는 주님의 모습을 보여주십니다.

이스라엘은 그 환상을 통해 힘을 내어 성전의 나머지 부분을 지어올릴 수 있었습니다. 우리 힘으로는 하나님께 돌아갈 수 없지만 하나님께서 찾아와 우리 가운데 서 계시기에, 그리고 우리 안에서 새로운 일을 행하시기에 우리는 지금 우리 영역에서 맡은 역할에 순종할 수 있습니다.

하나님께서 이스라엘 백성 가운데 들어와 위대한 구원의 역사를 행하실 것이므로 너희는 지금 하고 있는 일을 온전히 할 수 없을지라도 최선을 다해 행하라! 이것이 여덟 가지 환상이 전하는 핵심 메시지입니다. 이제 그 모든 환상을 마무리하는 마지막 이야기를 살펴볼 차례입니다. 대제사장 여호수아의 즉위식 장면입니다.

대제사장의 즉위식

스가랴서를 어려운 책이라고들 이야기합니다. 많은 이단들이 스가랴서를 이상하게 해석합니다. 정통을 자처하는 이들도 어렵다는 이유로 스가랴서로 설교하려 하지 않습니다. 환상의 세부 사항까지 다 풀어 설명해야 한다고 생각하기 때문입니다. 그런데 스가랴 선지자도 자신이 본 환상을 백성들이 이해하기 어렵다는 사실을 알았습니다. 하나님께서도 그 점을 아셨을 테지요. 어떤 이들에게 이 환상은 하나님께서 우리를 어떻게 사랑하시는지 확인시켜주는 놀라운 그림입니다. 그런가 하면 또 다른 이들에게는 전혀 이해되지 않는 그림일 수 있습니다. 그래서 하나님께서는 이 모든 환상을 마무리하며 전체를 요약하는 하나의 그림을 제시하십니다. 오늘 본문, 대제사장 여호수아가 왕의 관을 쓰는 장면입니다.

> ¹⁰ 사로잡힌 자 가운데 바벨론에서부터 돌아온 헬대와 도비야와 여다야가 스바냐의 아들 요시아의 집에 들어갔나니 너는 이날에 그 집에 들어가서 그들에게서 받되 ¹¹ 은과 금을 받아 면류관을 만들어 여호사닥의 아들 대제사장 여호수아의 머리에 씌우고(6:10-11).

바벨론에서 돌아온 이들 중에 헬대와 도비야와 여다야가 있었습니다. 그들은 돌아올 때 은과 금을 가지고 왔고, 이스라엘 백성은 그것으로 면류관을 만들어 대제사장 여호수아의 머리에 씌웁니다. 이것은 환상이 아니라 실제로 이스라엘 백성 가운데서 일어난 일입니다. 그리고 그 일을 실행하라는 구체적인 명령입니다.

예루살렘으로 돌아온 이스라엘 백성이 16년 만에 성전을 짓기 위해 공사를 재개했다는 소식을 바벨론에 남아 있던 유대인들이 들었습니다. 당시 문헌들을 보면, 바벨론에 남은 유대인들 중에 이제껏 살아온 터전을 떠나 이스라엘로 돌아갈 수는 없지만 이스라엘 공동체의 일원으로서 성전 짓는 일에 참여하고 싶어 하는 이들이 많았습니다. 그들은 성전 건축에 필요한 물자를 적극적으로 지원하기를 원했고, 건축 비용으로 쓰라고 은과 금을 예루살렘에 보냈습니다. 이것을 바벨론에서 가지고 돌아온 이들이 바로 헬대와 도비야와 여다야입니다.

하나님께서는 그 은과 금의 일부로 면류관을 만들어 대제사장 여호수아의 머리에 씌우라고 명령하셨습니다. 대제사장은 원래 금 면류관을 쓰지 않습니다. 세마포라는 천으로 만든 터번 같은 모자를 씁니다. 그런데 하나님께서는 왜 대제사장 여호수아에게 은과 금으로 만든 면류관을 씌우라고 명령하신 것일까요? 그것은 도대체 무엇을 의미할까요?

그 이유를 먼저 역사적 배경에서 찾을 수 있습니다. 이런 명령을 하신 것은 당시 성전 재건에 앞장선 리더 중 한 명인 대제사장 여호수아의 권위를 세워주기 위함이었습니다. 공사를 진행하면서 여호수아의 정통성을 흔드는 이들이 나타났고, 그로 인해 그의 권위가 약해지면서 건축이 중단될 위기에 처했기 때문입니다. 그래서 하나님께서 친히 대제사장에게 은과 금으로 만든 영화로운 면류관을 씌워주심으로 그의 권위를 인정하고 백성들에게 그의 지도를 받을 것을 권고하신 것입니다.

이것은 단지 그 시대의 일로만 끝나지 않습니다. 네 번째 환상에서 본 것처럼 대제사장 여호수아는 이스라엘 전체, 또한 우리를 대표하는 인물이기 때문입니다. 네 번째 환상에서 대제사장 여호수아는 더러운 옷을 입고 있었습니다. 그런 모습으로는 거룩하신 하나님을 전혀 만날 수 없는 자였습니다. 그런데 하나님께서 그의 더러운 옷을 벗기고 그에게 새로운 옷을 입혀주셨습니다. 대제사장은 죄라는 더러운 옷을 입고 있어 거룩하신 하나님 앞에 결코 설 수 없는 이스라엘이자 우리였습니다. 예수님은 우리가 입고 있던 더러운 죄의 옷을 벗기고 당신의 완전한 의의 옷을 입혀주셨습니다. 그리고 우리의 더러운 죄의 옷을 입고 죄 덩어리가 되어 십자가에서 하나님의 모든 저주를 감당하셨습니다. 덕분에 우리는 깨끗해졌습니다. 깨끗한 옷을 입게 된 대제사장 여호수아는 죄 사함을 얻은 우리 성도들을 예표합니다.

그런데 그 대제사장이 면류관을 쓰고 있습니다. 하나님께서 그를 왕으로 여겨주신 것입니다. 여호수아가 아직 아무일도 하지 않았음에도 불구하고 성전 건축에 쓸 은과 금으로 면류관을 만들어 그에게 씌워주십니다. 이것은 무엇을 뜻할까요? 장차 우리를 그렇게 만드시겠다는 뜻입니다. 우리를 제사장이자 왕으로 만드시겠다는 것이 하나님의 의지입니다. 그 일은 과연 성취되었을까요? 예, 성취되었습니다. 베드로는 이 땅에 있는 성도들의 정체성을 이렇게 밝히고 있습니다.

> 그러나 너희는 택하신 족속이요 왕 같은 제사장들이요 거룩한 나라요 그의 소유가 된 백성이니 이는 너희를 어두운 데서 불러내어 그의 기이한 빛에 들어가게 하신 이의 아름다운 덕을 선포하게 하려 하심이라(벧전 2:9).

성도를 가리켜 '왕 같은 제사장들'이라고 말하고 있습니다. 다른 말로 '왕의 제사장' 또는 '왕과 같은 지위의 제사장'이라고 할 수 있습니다. 이것이 이 땅을 사는 성도들의 지위입니다. 주님께서 우리를 어디까지 높이실지 우리는 대제사장 여호수아가 머리에 면류관을 쓰는 장면을 통해 알 수 있습니다.

성도 여러분, 하나님께 돌아가고 싶어도 그럴 능력이 없는 우리입니다. 그런 우리를 위해 하나님의 아들이 직접 인간이 되어 우리 가운데 오셨고, 우리를 대신해 십자가에 달려 죽으셨습니다. 이를 통해 하나님께서 죄인인 우리를 의롭다 하셨을 뿐만 아니라 왕으로 삼아주셨습니다. 왕이신 하나님을 우리는 '아빠'(abba)라고 부를 수 있게 되었습니다. 왕의 아들은 왕입니다. 하나님께서 우리를 그토록 높은 곳으로 옮겨주신 것입니다. 우리는 그런 사랑을 받았고 지금도 경험하고 있습니다.

'싹'이라고 불리는 평화의 왕

그런데 주의 깊게 읽지 않으면 이 이야기의 주인공을 발견하지 못하고 책장을 덮을 수 있습니다. 오늘 본문의 핵심, 스가랴 1장부터 6장까지 전체의 핵심이 이제 살펴볼 12절과 13절에 나옵니다.

> ¹² 말하여 이르기를 만군의 여호와께서 이같이 말씀하시되 보라 싹이라 이름하는 사람이 자기 곳에서 돋아나서 여호와의 전을 건축하리라 ¹³ 그가 여호와의 전을 건축하고 영광도 얻고 그 자리에 앉아서 다스릴 것이요 또 제사장이 자기 자리에 있으리니 이 둘 사이에 평화의 의논이 있으리라 하셨다 하고(6:12-13).

대제사장 여호수아와 이스라엘 백성들은 자신들이 여호와의 전을 건축하는 줄 알았습니다. 깨끗하고 영화롭게 된 이스라엘이라면 성전을 건축할 수 있을 것 같았기 때문입니다. 그런데 진정한 성전을 건축하는 이는 다른 분이었습니다. "보라"는 지시어지만 감탄사이기도 합니다. 무엇을 보라는 것입니까? 한 사람입니다. 그의 이름은 '싹'입니다. '싹'이라고 불리는 이의 출신이나 가족 배경에 대한 설명은 없습니다. 그는 다만 제자리에서 새싹처럼 돋아납니다. 여기에 인간의 개입은 전혀 없습니다. 그런데 "그가 여호와의 전을 건축"할 것이라고 말합니다.

13절을 보면 그는 성전을 건축할 뿐만 아니라 성전을 건축한 것에 대한 영광도 얻고 있습니다. 사람들은 여호수아가 아니라 이 싹을 칭송합니다. 게다가 이 싹은 그 성전에 앉아 세상을 다스리기까지 합니다. 그리고 방금 전에 이 땅에 있는 모든 교회 공동체를 상징하는, 면류관을 쓴 제사장을 보좌 옆으로 불러내 그와 함께 온 세상에 관해 의논하며 이 땅을 다스립니다.

이 부분을 주의해서 읽으시기 바랍니다. 싹이라는 이름을 가진 이는 바로 앞에 나오는 대제사장 여호수아가 아닙니다. 그 점은 그가 제사장과 '평화의 의논'을 한다는 데서 확실해집니다. 싹이라는 이름을 가진 이는 세상의 어떤 왕도 아니고, 당시 정치 지도자 스룹바벨을 지칭하지도 않습니다. 그는 앞으로 오실 어떤 왕입니다. 이스라엘 백성이 기다려야 하는 왕입니다. 그들 모두를 구원하실 왕입니다.

그 왕은 성전을 건축하고 그 성전에서 영광을 얻습니다. 그 성전에 자리를 만들고 앉아 세상을 통치하며 교회인 우리를 보좌 곁으로 불러 함께 세상의 경영을 의논하십니다. 그는 누구일까요? 바로 이 땅에 오실 성자 하나님입니다. 더 정확히 말하자면 하나님께서 약속하신 그분의 아들 예수 그리스도입니다. 앞서 살펴본 모든 환상 가운데 이스라엘을 알고 찾아가 그들 가운데 서서 그들을 지키고 돌보고 인도하고 계획하며 싸우시는 분이 '싹'(가지)이라는 이름으로 자신을 드러내신 것입니다.

> 대제사장 여호수아야 너와 네 앞에 앉은 네 동료들은 내 말을 들을 것이니라 이들은 예표의 사람들이라 내가 내 종 싹을 나게 하리라(슥 3:8).

> 이새의 줄기에서 한 싹이 나며 그 뿌리에서 한 가지가 나서 결실할 것이요(사 11:1).

여호와의 말씀이니라 보라 때가 이르리니 내가 다윗에게 한 의로운 가지를 일으킬 것이라 그가 왕이 되어 지혜롭게 다스리며 세상에서 정의와 공의를 행할 것이며(렘 23:5).

사랑하는 성도 여러분, 이스라엘은 자신들이 하나님의 뜻을 받들어 성전을 짓는다고 생각했습니다. 우리도 마찬가지입니다. 성전을 짓는 주체가 우리인 줄 압니다. 하나님과 교제하려는 이가 우리인 줄 압니다. 우리는 쉽게 죄의 유혹에서 자신을 지킬 수 있다고 생각하고, 언제든 돌이켜서 하나님을 향해 달려갈 수 있을 줄 압니다. 마음만 먹으면 하나님의 명령에 순종할 수 있다고 믿고, 어떤 장애물도 뚫고 하나님의 집을 지을 수 있다고 생각합니다. 우리가 만든 성전에 하나님께서 임하시고 우리의 수고에 감탄하며 감격하실 줄 압니다. 우리 스스로를 그 정도의 일을 할 수 있는 자로 착각합니다. 그런데 우리의 역할은 성전을 짓는 것이 아닙니다. 우리의 역할은 성전을 지으시는 분을 믿고 따르고 예배하고 사랑하며 의지하는 것입니다. 우리가 그럴 때 하나님께서 그분의 성전을 우리 가운데 지으십니다.

13절 후반부의 말씀은 무엇을 의미할까요? "또 제사장이 자기 자리에 있으리니 이 둘 사이에 평화와 의논이 있으리라 하셨다 하고." 예수님께서 왕이 되어 영광을 받고 세상을 통치하는 자리에 우리를 불러 앉히십니다. 그분과 함께 이 땅의 교회 공동체인 우리가 온 세상을 통치하게 되는 비전을 보여주시는 것입니다. 우리를 향한 하나님의 완성된 계획입니다.

이 꿈은 스가랴 시대에는 성취되지 않았습니다. 14절을 보면 싹이라는 왕을 위한 면류관은 "여호와의 전 안에 두라"고 명하고 있습니다. 아직 그 싹이 오지 않았기 때문입니다. 그 싹은 그들이 기다려야 할 메시아를 의미합니다. 우리는 더 이상 싹이라는 이름을 가진 왕의 초림을 기다리지 않습니다. 그분은 이미 우리 가운데 오셨기 때문입니다. 이미 우리에게 오셔서 우리 속에 성령의 전, 즉 성전을 지으셨기 때문입니다. 이제 우리는 몸으로 하나님께 영광을 돌릴 수 있습니다. 왜입니까? 그분이 우리를 성전으로 만드셨기 때문입니다. 그분이 우리를 불러 그분과 함께 이 세상의 왕이 되어 함께 통치할 힘과 권세를 주셨기 때문입니다.

물론 우리는 지금도 그 왕을 기다리고 있습니다. 그분이 다시 오신다고 말씀하셨기 때문입니다. 이 땅의 모든 역사를 마무리하고 그분의 나라를 완성하기 위해 재림하시는 그때 말입니다. 그러나 우리의 기다림은 구약 시대 백성들의 기다림과는 전혀 다릅니다. 우리는 기다릴 수 있는 힘을 받은 사람들인 까닭입니다. 그리고 그 힘으로 주님이 아직 재림하지 않은 시대를 살 것이기 때문입니다.

내게로 오신 여호와

이제 모든 말씀을 마무리할 시간입니다. 이 모든 환상이 시작되기 전에 우리는 하나님께서 우리를 향해 "내게로 돌아오라"고 외치시는 소리를 들었습니다. 그리고 우리는 이스라엘의 조상들이 그러했고, 그들이 지난날 그러했던 것처럼 여호와께로 돌아가는 것조차 불가능한 존재임을 확인했습니다. 그때 하나님께서 환상을 통해 가르쳐주셨습니다. "너희가 내게로 돌아오는 것이 아니라 내가 너희 가운데 들어가는 것"이라고 말입니다. 여호와의 성전은 우리가 힘내고 결단하고 열심을 낸다고 해서 지을 수 있는 것이 아니라 오직 그분의 손으로만 지을 수 있다는 말씀입니다. 그리고 그 모든 환상을 만들고 성취하며 성전을 완성시키는 분으로 우리에게 찾아와 우리를 위해 죽으시고 부활하신 그리스도를 우리는 만나게 됩니다.

　이미 우리 가운데 들어오신 주님을 찬양합시다. 성전을

지으시고, 성전을 통해 영광 받으시고, 성전에 앉아 통치하시며, 이 성전에 우리를 불러 함께 의논하시는 주님을 바라봅시다. 우리의 어떠함이 아니라 우리를 향한 주님의 크신 사랑을 듣고 보기를 원합니다. 그 사랑과 은혜를 신뢰합시다. 우리는 넘어져도 결코 포기하지 않으시는 하나님의 사랑을 붙듭시다. 주님이 우리를 성전으로 만드실 것을 기대하며 그분의 손에 들려 쓰임 받기를 구합시다. 사람은 할 수 없으나 주님은 행하실 수 있는 놀라운 우리의 성전 됨이 그 능력의 손에서 성취되기를 주님의 이름으로 축원합니다.

나오는 글

소망의 이유이신 분을 바라보며

이 책은 제가 섬기는 나눔교회에서 코로나19 감염병이 발생하기 전인 2019년 여름에 전한 주일설교 원고에 기초합니다. 그때 스가랴서 설교를 들은 성도들은 스가랴가 전하는 환상을 이해하며 큰 위로와 격려를 받는 은혜를 누렸습니다. 스가랴의 환상을 설교로 듣고 이해하기는 평생 처음이라며 빽빽하게 필기한 공책을 보여주신 분도 있었습니다. 스가랴가 본 환상으로 꿈을 꾸셨다는 분, 환상 가운데 계신 사랑의 하나님을 발견하고 춤을 추셨다는 분도 있었습니다. 그렇습니다. 스가랴가 본 환상은 낙심한 이들을 일으켜 세우는 하나님의 말씀이었습니다.

그로부터 몇 년이 흐른 지금도 우리는 코로나19 감염병

시기를 지나고 있습니다. 역사적으로 돌아보면 감염병이 만연한 팬데믹 시기는 교회가 세상의 빛과 소금이 될 기회의 시간이었습니다. 그러나 한국 교회는 이 시기에 그런 역할을 하지 못했고, 세상을 향한 영향력은 오히려 줄어들었고 복음을 전하기가 더욱 어려워졌습니다. 그래서 우리는 또다시 질문하게 됩니다.

"과연 교회는 다시 일어설 수 있을까요?"

하나님께서는 스가랴를 통해 낙심한 백성들에게 그들을 향해 품은 마음을 보여주셨습니다. 또 이스라엘이 힘을 내어 주님께 돌아오고 성전을 재건했을 때 일어날 일들을 환상으로 보여주셨습니다. 단지 낙심한 이스라엘을 잠시 위로하기 위해서가 아니었습니다. 하나님께서 주신 꿈을 붙들고 다시 일어서게 하기 위해서였습니다. 저는 이 시대를 사는 하나님의 백성들 역시 스가랴의 환상을 통해 성도를 일으켜 세우시는 하나님을 만나고 그분의 능력을 체험하기를 원합니다.

스가랴가 본 환상들을 다시 떠올려봅니다. 그리고 이 모든 환상 속에서 '소망의 이유이신 분'을 바라봅니다. 그분과 함께라면, 그분이 움직이신다면, 그분이 우리를 일으켜 세우기로 하셨다면 우리는 다시 일어설 것입니다.

스가랴 관련 추천도서

- 장세훈, 『스가랴: 스가랴서 주해와 현대적 적용』(SFC 출판부, 2021)
- 베리 웹, 『스가랴: 나라가 임하시오며』(IVP, 2019)
- 김서택, 『스가랴: 오직 나의 신으로』(홍성사, 2021)
- 마크 데버, 『구약 성경의 핵심 메시지 2』(부흥과개혁사, 2009)
- 김근주, 『소예언서 어떻게 읽을 것인가 3: 스바냐 학개 스가랴 말라기』(성서유니온선교회, 2018)